GIORGIO MANGANELLI

Geräusche oder Stimmen

Aus dem Italienischen von
Iris Schnebel-Kaschnitz

Verlag Klaus Wagenbach Berlin

Quartheft 166

Die italienische Originalausgabe erschien unter dem Titel
Rumori o voci im Verlag Rizzoli, Mailand.

Ahornstraße 4 1000 Berlin 30
Der Umschlag verwendet eine Zeichnung von Dieter Schnebel
Bleisatz/Buchdruck durch Poeschel & Schulz-Schomburgk
in Eschwege. Gesetzt aus der Korpus Janson Antiqua Linotype
Bindung Druckerei Wagner, Nördlingen

ISBN 3 8031 0166 2

Wenn ihr eine der feuchten und verfallenden Straßen entlanggeht, die hinabführen zum Fluß, zu irgendeinem Fluß, dann wird euch an einem gewissen Punkt unweigerlich eine Art seltsamer und hartnäckiger Müdigkeit überkommen, und ihr werdet feststellen, daß jetzt – ganz gleich, wann ihr euch auf den Weg gemacht habt – ringsherum Nacht herrscht, eine tiefe und gleichgültige Nacht, und im ersten Augenblick werdet ihr dies zu bemerken glauben: daß überall, zwischen den verschlossenen Häusern, den steilen Gassen und schlüpfrigen Stufen, hinter den Ecken und auf den verlassenen Plätzen, die ihr zufällig entdeckt und tastend mit kraftlosem Schritt überquert – daß überall, so wird euch scheinen, so werdet ihr euch sagen, eine absolute, nie unterbrochene Stille waltet. Und da werdet ihr beschließen, ein wenig Rast zu machen, und eure Angst verbergend werdet ihr anfangen, euren Wunsch nach Ruhe heuchlerisch zu begründen; ihr werdet euch sagen – zumal die Stadt verlassen und die Stille allesdurchdringend ist – daß überhaupt kein Zweifel besteht, daß dies ein vorzüglicher Ort zum Ausruhen ist. Ihr werdet also rasten. Und nach einigen Minuten der Rast wird es geschehen, daß ihr ein leichtes Geräusch hört, und ihr werdet beginnen euch zu fragen: Geräusch oder Stimme? Und von was oder wem? Und wie es beschreiben?

Versucht nicht, es zu beschreiben, denn bei jeder Rast, die ihr macht, an jedem Punkt jener melancholischen Straßen, je nach der Entfernung vom Fluß – denn wir nehmen doch jedenfalls an, daß ein Fluß die besagte Stadt durchfließt – und je nachdem, ob ihr den Fluß überquert habt oder nicht, wird jener Klang ein anderer sein; und selbst wenn ihr genau den Ort und die Stunde eurer Rast wiederfindet und die Witterung, die feuchte oder trockene Luft – aber trocken ist sie nie, sie bewahrt immer die Würze der Tränen – wird dieser Klang in jedem Fall verschieden sein; manchmal wird er euch eindeutig als Geräusch erscheinen, und ihr werdet anfangen nachzuforschen, welches Gerät, welche Höllenmaschine, welches Knarren von Balken oder Rieseln von Kies dieses Geräusch erzeugen könnte, das euch zugleich eindeutig und faszinierend erscheint: denn in jener verlassenen nächtlichen Flußstadt suggeriert euch dieses Geräusch die Existenz von Dingen, die nicht nur nicht unwiederbringlich fern sind, sondern auch mit einer auf irgendeine Weise lebendigen Anmut ausgezeichnet, denn ganz sicher bewegen sie sich, oder sie altern oder sind unbeständig oder werden von etwas bewegt, ja vielleicht sogar, wenn das nicht aberwitzig erscheint, von jemandem – kurzum, auch das zweideutige Abrutschen von ein wenig Erde wird euch rasende Bilder suggerieren, ungestüm wie euer aufgescheuchtes Herz: ein Haus hat angefangen abzubröckeln oder setzt sein langsames Zerfallen fort, plant womöglich einen ruinösen Einsturz; oder eine Schicht ausgemergelten Bodens sinkt ab und bekennt, ein ehrwürdiges Straßenpflaster, ein Stadtviertel, ja die ganze Stadt nicht mehr tragen zu können – vor allem ihre schweren und robusten Brücken; und wenn es, was wahrscheinlich ist, in jener Ortschaft oder Stadt oder Siedlung etwas gibt, das eine Burg zu nennen nicht unmöglich ist, dann wird das Absinken der Schichten beweisen, wie untragbar die Last jener alten Mauern und ihrer Verbrechen für einen Boden ist, der die Süße einer paradiesischen Erinnerung bewahrt. Doch die Burg selbst, mit ihrer nicht mehr jungen und wahrscheinlich von der eigenen Verruchtheit zerfressenen Masse – denn es versteht sich von selbst, daß Burgen an einer abgefeimten Ruchlosigkeit teilhaben – die Burg also wird durch ihr eigenes nicht geehrtes Alter brüchig und baufällig sein, von gefährlicher Baufälligkeit, so daß ein wenig Wind oder ein Regenschauer genügt, um einen Stein ins Rollen zu bringen, einen lockeren Sims zu lösen oder zwei verbundene Ziegelreihen zu trennen, während der Druck von etwas Efeu einen großen Turm zu Fall bringen kann. Doch wie dem auch sei, in jener Nacht und bei der Müdigkeit, die ihr an diesem Punkt erfahrt, wird jedes Geräusch euer ermattetes Herz schneller schlagen lassen und euch verraten, daß anderswo – sicher nicht dort, wo ihr gerade rastet – etwas geschieht, wobei wenig belangvoll ist, ob es sich um ein scheinbar zufälliges Geschehen handelt, zumal niemand je sicher sagen kann, ob es ein zufälliges Geschehen ist oder nicht; im übrigen ist die Geschichte des Dorfs noch nicht beendet, und ihr Fortgang – sei es auf ein langsames Zustaubwerden hin oder nicht – erzeugt unregelmäßige Geräusche. Aber nehmen wir einmal an, eins dieser Geräusche erreicht euer Ohr in scheinbar rhythmischem Takt; dann gerät eure Rast zur Schrecknis, denn der Rhythmus, mit dem ihr am vertrautesten seid, ist allemal der eures Herzens, und ihr werdet unwillkürlich annehmen – vielleicht mit vorschneller Resignation – daß etwas nicht Herzensunkundiges diese rhythmischen Klänge regelt. Man muß kaum erwähnen, wie gewagt diese Hypothese ist, denn es gibt Fälle, in denen der Rhythmus nicht dem Herzmaß gehorcht, sondern einem einfallsreichen Wirrwarr von Wegen, wie etwa wenn ein Tropfen, der sich zusammenballt, um in einer Dachrinne abzulaufen, seinen Haltepunkt nicht verläßt, bevor er eine gewisse Leibesfülle erreicht hat, oder wenn eine Tür auf- und zuschlägt, weil der Druck des Windes rhythmisch kurze und boshafte Wirbel erzeugt. Aber auch wenn ihr annehmt, daß solche nicht lebendigen Gründe rhythmische Geräusche auslösen könnten, müßt ihr euch, wenn es sich um einen Tropfen handelt, notgedrungen fragen, welches Gerät eine solche Ansammlung von Wasser bewirkt hat und zu welchem Zweck es in Betrieb gesetzt wurde, heute ausrangiert oder einfach untauglich, altersschwach oder abgenützt – doch abgenützt von wem? Und warum wurde jene Tür nicht ein für allemal geschlossen? Schwingt sie vielleicht deshalb noch hin und her, weil sie die einzige Tür ist, die von einer schlaffen, altersschwachen und abgezehrten Hand im Stich gelassen wurde, und weil sich gerade deshalb hinter dieser ahnungslosen Tür ein trübes und trostloses Geheimnis verbirgt, ein beweinenswertes, mitleiderregendes und nunmehr nur noch vergeblicher Hilfe würdiges Ding? Und ihr werdet den bestürzten Schlägen eures Herzens lauschen, denn die nicht mehr makellose Stille flüstert euch etwas zu, worin Entsetzen und Hoffnung sich vermischen – der Schrecken vor dem Geschehen und der Wunsch, in dem Geschehen möge sich etwas Geheimnisvolles verbergen, ein okkultes Signal, unentzifferbar aber entscheidend gerade durch seine Eigenschaft eines Signals.

Aber gibt es nicht auch Geräusche, die von allen – auch von einem entsetzensgeschärften Ohr – als Stimme mißdeutet werden könnten? Wenn jene verlassene, ausgerenkte Tür, vom Winde bewegt, dem hölzernen Türpfosten schwache Stöße versetzt – kann es dann nicht geschehen, daß sie quietscht? Und könnte es nicht auch geschehen, daß dieses Quietschen, das ja nicht immer gleich ist, eher ein Fiepen suggeriert – gewisse hastige Piepser kleiner Tiere – wütend ängstlich zum Schutz ihrer eigenen Kleinheit? Natürlich ist es nur möglich, daß jene Tür, die sich bereits als rhythmisch erwies – fast wie mit einem Herzen bestückt – diese so ausgeklügelt zweideutigen Quietschlaute ausstößt, und daß ihre Zweideutigkeit tatsächlich von einer Art ist, die auf ein verhaltenes aber zähes Tierleben hinweist. Ihr werdet euch aber des Gedankens nicht erwehren können, daß auch die Annahme, es gäbe da eine Tür und die wäre nicht befestigt und würde vom Wind geschüttelt, vielleicht nichts weiter als ein kompliziertes Phantasiegebilde ist – dazu bestimmt, die Panik eines mittlerweile brüchigen und vermutlich erschöpften Herzens zu lindern. Und deshalb kann es auch sein, daß dieses Quietschen die Stimme jenes pulsierenden Rhythmus ist, und daß beides zusammen, Rhythmus und Quietschen, irgendein Wesen verrät – unerforschlich, gewiß, aber jedenfalls Wesen, vielleicht reglos, zerstreut oder schüchtern, oder nichts wissend von der Gegenwart anderer Wesen an jenem Ort; und es wird deshalb ratsam sein, sich zu fragen, ob man diesen Klang – schon wagen wir nicht mehr, es ein Geräusch zu nennen – als eine Art von Stimme bezeichnen soll, eine »Weise«, wie man gewöhnlich sagt, von etwas Lebendigem und somit Fähigem, sich zu bewegen, zu fangen und zu verschlingen, aber auch dahinzusiechen und zu sterben. Wenn nun die Rast sich länger hinzieht an jenem für die Größe der Müdigkeiten ausersehenen Ort, dann wird es sicher möglich sein,

Klänge wahrzunehmen – nicht häufig, aber auch nicht ausgesprochen selten. Und wenn dann die Quietscher sich mehren und die Tür oder was immer es sei sich langsam in rostiger Angel dreht – wird dann nicht ein langes langsames Jammern zu hören sein, dessen metallischen Charakter man nur schwer von der Klage einer ahnungslosen Kehle unterscheiden kann oder könnte? Einer Kehle wovon? An diesem Punkt nun werdet ihr dem Fluß, ob ihr ihn überquert habt oder nicht, schon ziemlich nahe sein und euch an den Zauber jener Stille, die euch so perfekt erschien, hinreichend gewöhnt haben, um das tiefe Rauschen des Wassers wahrzunehmen – eines langsamen Wassers gewiß, denn sonst wäre es kein Rauschen, sondern ein Tosen – und es wird euch klar geworden sein, daß ihr schon seit einiger Zeit nicht nur vereinzelte Klänge hört, sondern auch Klänge, die auf dem großen nächtlichen Klang des eigenbewegten Flusses deponiert sind; und dann wird es geschehen, daß diese Klänge, welcher Art sie auch seien und wie spärlich gesät, sich so zusammenfügen, daß sie eine Zeichnung bilden, und vielleicht wird Fröhlichkeit in dieser Entdeckung sein. Und dann werdet ihr – dank dem Fluß, den ihr zu kennen glaubt – wenigstens als Begriff oder bloße lexikalische Präsenz – in gewissen Erinnerungen stöbern, die euch nicht unsinnig erschienen sind, bevor ihr an jenen Ort gelangt seid, an dem ihr eure Berufung zur Müdigkeit erprobt. Und da denkt ihr dann plötzlich, vielleicht unvorsichtig, aber nicht ohne Großzügigkeit, versöhnt mit eurem Warten auf Geräusche und Stimmen, an eine Katze, einen zornlosen Kläffer, ein dem Käfig entfleuchtes Vögelchen, eine Amsel, oder erinnert euch vielleicht mit plötzlichem aber nicht unvernünftigem Schrecken an ihr wißt nicht mehr genau ob Fabeln oder Abenteuer mit Nattern, zackengekrönt zu Schlangen, Basilisken; womöglich wehrt ihr auch gerade zitternd einen ganzen Katalog von immer umfänglicheren, unbarmherzigeren und unausweichlicheren Drachen und gezahnten Flugechsen ab; aber vielleicht kann dies die Angst eures Herzens lindern: daß auch wenn das Grauen die Klänge vervielfacht, diese in weiter Ferne verharren, sich niemals nähernd und so überaus zart, daß sie auch eine begründete Angst vor Drachen und fliegenden Zähnen Lügen strafen. Und gewiß, werdet ihr sagen, wenn dies das Kreischen einer ausgeleierten Tür ist, aber mit knirschend gezahntem Mund, dann handelt es sich jedenfalls um ein nicht großes und deshalb nicht bedrohliches Tier, das sich womöglich, wenn ich gehe, genauso vor meinen Geräuschen fürchtet, wie ich mich vor seinen Geräuschen fürchte. Und vielleicht wirst du phantasieren, daß eines Tages, wenn eure gegenseitigen Ängste, vielleicht auch Müdigkeiten konsultiert worden sind, ihr, die Träger harmloser und schrecklicher Geräusche, Freundschaft schließen und euch über euren hartnäckigen nächtlichen Aufenthalt in jenem Flußdorf trösten könnt. Doch all das ist ein reines Spiel der Sinne, und wir haben bereits gesagt, wie sehr diese Sinne erschlafft und verzerrt sind durch das Andauern der Erinnerungen, die die Zeit nicht veredelt, sondern im Gegenteil mit einer verzweifelten Grausamkeit versieht, so als nähmen die Erinnerungen, gleichsam Tiere – immer ferner und immer ängstlicher, sich zu verirren – die Verfolgung des Erinnernden auf, um die geringe und unbeständige Wärme seines zermürbten Geistes nicht zu verlieren. Man wird sich deshalb nur schwer an die Anmut der Katze, aber leicht an die Bosheit der Krallen erinnern.

Es kann indes durchaus geschehen, daß ein ganz fraglos nicht durch mechanische Ereignisse erklärbarer Klang in die Nacht hinein ausbricht, und daß ihr, wo immer ihr seid und ob ihr den streng von der Brücke regierten Raum des raschen aber leisen Flusses überquert habt oder nicht, euch unweigerlich zugeben müßt, eine Stimme erkannt zu haben, und werdet vielleicht weiterhin annehmen, daß es sich um eine »Weise«, also um eine Tierstimme handelt, und dieser Stimme eine zwanghafte Aufmerksamkeit zuwenden, denn ihr könnt nicht mehr umhin euch zu fragen, um welche Art von Tierlaut oder Stimme es sich handelt, und welche Art von Leben es wagt, seine eigene Stimmlichkeit zu exhibieren, es wagt, als Klang zu existieren, und deshalb müßt ihr, falls es sich wirklich um einen Klang oder sogar um eine Stimme oder wenigstens um eine Weise handelt, euch auch fragen, was diese Weise ausdrücken möchte, welche Anspielung sie auf ihren Luftschultern transportiert – Verzweiflung, Hunger, Entsetzen, Einsamkeit, Liebe, Enttäuschung, Schrecken, Flucht, Erschöpfung – alles Worte, das wißt ihr, die ihr in Wirklichkeit eurem eigenen Sprachschatz entnehmt, jenem Katalog von Namen, mit denen ihr auch diesmal nur euch selbst beschreibt, im Herzen des nächtlichen Dorfs, in geringer Entfernung vom Fluß – ihr, sage ich, die Gefangenen einer unerforschlichen, zähen und beharrlichen Müdigkeit.

Es kann also aus dem Herzen eurer erschöpften Existenz heraus im nächtlichen Dorf jemandem geschehen, vielleicht euch, etwas zu erkennen, das wie eine Stimme klingt. Und dessen werdet ihr euch an folgendem bewußt: nicht mehr dasjenige wird hören, was in euch den Stein imitiert – das innere Skelett –, sondern das Fleisch wird in Leidenschaft entbrennen in der Erwartung und der Hoffnung und der Verzweiflung des Klangs. Dies nun wird der Charakter der Stunde sein: nächtlich, wie schon gesagt, feucht, sogar regnerisch, windig; und das Dorf reglos, vielleicht unbewohnt – durch Tod, Ausweisung; oder derart gebaut, daß niemand je der Versuchung erläge, es zu bewohnen. Darum sind sowohl die Stille als auch die Geräusche die Bewohner des Dorfes; und die Geräusche wollen interpretiert sein. Nehmen wir einmal an, es gebe – noch bevor ein Klang sich deutlich als Weise oder Stimme darstellt – andere, vorbereitende oder einfach vorausgehende Klänge: seltsam und alarmierend. Horcht! Ist das nicht ein Getrappel winziger Füße, getrieben von Angst, Verzweiflung, Desorientierung? Es gibt also winzige Tiere in diesem Dorf – Ratten, Eidechsen, Gekkos? Aber in Wirklichkeit habt ihr gar nichts gesehen. Wenn ihr indes annehmt, daß es sich um solches handelt, dann müßt ihr euch notgedrungen fragen, wovor diese winzigen Füße eine so große und unbedachte Angst haben; und ihr werdet annehmen müssen, daß diese Biester, zumal sie die träge Beharrlichkeit der Mauern, der Treppen und des Flusses nicht fürchten können, in Wirklichkeit nur vor euch Furcht empfinden, auch wenn ihr nichts weiter seid als fremd, unberechenbar, abweisend und unvertraut, und – wenn auch in mancher Hinsicht sicher nur vorübergehend – irgendwie kurzlebige und labile Bewohner eines Dorfs, das offenbar zur Katastrophe neigt und jedenfalls nie irgendeine Beziehung zu irgendeinem Bewohner gepflegt zu haben scheint. Aber in Wirklichkeit seid ihr noch gar nicht sicher, daß es sich hierum handelt: um ein Fliehen von winzigen aber lebendigen Füßen anderer, vielleicht weniger unrechtmäßiger Bewohner des Dorfs. Denn das Davonstürzen der Füße ähnelt sehr einem Fliehen von Kieseln, einem Rutschen von Sand, einem Einstürzen von regenrostigem Mauerwerk. Und dennoch wird dieses genügen: daß dem Hören jetzt der Verdacht innewohnt eines wirren, aufgeregten, überraschten, vielleicht sogar bestürzten Lebens – ein mürbes Netzwerk von Leidenschaften, die sich in übereilten Fluchtplänen und kopflosen Emigrationen äußern; denn wenn jene Geräusche von flüchtenden Tieren stammen, dann bleibt auch noch dieses zu fragen: wohin wollen sie fliehen, falls ihre Flucht nicht bereits darauf hinweist, daß ein Ort existiert, und sie wissen davon, wo sich keinerlei Anzeichen für andere, wenn auch noch so kurzlebige Bewohner finden – daß es also mutmaßlich ein Dorf gibt, welches so geartet ist, daß man mit Fug und Recht annehmen kann, es werde dort niemals, solange Zeiten dauern und dauern werden, irgendeine Anwesenheit geben, die die zarte Existenz der winzigen Biester stört. Und deshalb werdet ihr euch nun fragen, was dieses Laufen wohl bedeuten könnte, vorausgesetzt ihr habt beschlossen, daß ihr in jedem Fall weiterlaufen müßt, kurzum, wohin ihr zu gelangen glaubt, wenn ihr den Fluß überquert oder euch so weit von ihm entfernt habt, daß ihr sein sanftes Schwappen nicht mehr hört. Denn dieses werdet ihr euch sagen müssen: daß auch ihr auf dasselbe Dorf zulauft, zu dem die schweigsamen Biester laufen, also dorthin, wohin ihr, stündet ihr nicht still – überwältigt, überredet oder verführt von einer grenzenlosen Müdigkeit – letzten Endes lauft; und deshalb müßt ihr euch auch dieses fragen: ob nicht ihr selbst die Flucht jener Füße plant, euch nicht gemeinsam mit ihnen auf der Flucht befindet, aber Flucht wovor, vor dem Dorf, das ihr jetzt bewohnt, abscheulich nur weil ihr es bewohnt oder weil es eine weitere Bedrohung, Falle, Gefahr einschließt, die weder euch noch jenen Füßen bekannt ist, die sie aber trotzdem nicht übersehen. Und da fragt euch denn, ob sie, wenn man als sicher, freilich mit schwankender Sicherheit annimmt, daß jenes Getrappel auf winzige Füße hinweist, fragt euch, ob jene euch Brüder sind, Mitgefangene einer großen schweigsamen Angst; oder ob ihr nicht nicht nur der Gegenstand ihrer Angst seid, sondern auch ihre Meuchelmörder, wahrscheinlich ahnungslos, gesandt von jemandem, der wünscht, daß diese winzigen und namenlosen Wesen immer und einzig im Schrecken leben; und ob nicht auch ihr, was leicht geschehen kann, vom Schrecken verfolgt sein werdet, wenn auch von einem anderen Schrecken, vielleicht unvereinbar mit jenem. Und verrät nicht endlich wenigstens dieses: das Vorbeieilen der Füße, daß sie die Angst zwar kennen, aber nicht die Müdigkeit, während ihr, reglos und einer Ruhe hingegeben, die ihr notwendig als nutzlos fürchtet – während ihr, sage ich, die Angst mit dem Schrecken mit der Müdigkeit unentwirrbar vermischt? Und schließlich: war es die Begierde nach einer erfrischenden Rast, die euch einhalten ließ, oder seid ihr im Schauder eines antiken Schreckens erstarrt und gebt nun, da ihr an ihn gewöhnt seid, den Schrecken als Müdigkeit und das Bequemerwerden als Ruhepause aus? Vielleicht werdet ihr euch in eurer klugen, ja sogar vernünftigen Feigheit dazu bringen zuzugeben, daß ihr in Wirklichkeit gar nicht sicher sein könnt, daß es sich um fliehende Füße handelt, und daß ihr letztlich nie ein Tier gesehen und auch gewiß nichts getan habt, was die Tiere, wie winzig und wehrlos sie auch seien, ängstigen könnte, wenn man ausschließt, daß schon die Tatsache, daß ihr existiert, sofern ihr existiertet, ein Zeichen des Grauens sein könnte, eine solche Regelwidrigkeit, daß sie notgedrungen zum Untergang des winzigen Heimatlandes der Tiere führen müßte. Doch dann müßtet ihr auch dies zugeben: daß jene Geräusche, die ihr unleugbar gehört habt, eine so große Instabilität des verlassenen Dorfs verraten, daß man annehmen muß, es sei in diesem Ausmaß zerstört, erschöpft und abgewirtschaftet nicht durch die Anwesenheit von Händen, sondern im Gegenteil durch ihre Abwesenheit, verzweifelt über die unmögliche Entelechie, die ihm, dem Dorf, vorgeschlagen wurde, und die es beunruhigt hat, wenn eine so anthropomorphe Sprache hier überhaupt statthaft ist; daß kurz gesagt das Dorf, selbst wenn es nicht lebendig und strenggenommen auch nicht tot ist, in irgendeiner Weise dahinsiecht oder eine ausgetüftelte Selbstvernichtung betreibt. Es wird also ein ununterbrochenes Schaudern sein, vielleicht ein Abrutschen von Erdschichten, was dieses Zittern der Dinge verursacht, die allmählich zerbröckeln; und deshalb werden dort Splitter und Bröckchen sein, nicht mehr, wo eine zugleich bresthafte und abstrakte Phantasie Füße gemutmaßt hatte. Aber mit Sicherheit werdet ihr sicherlich dessen nicht ganz sicher sein; und ihr werdet es noch weniger sein, wenn ihr eure erstaunte Seele schärft, um das zu entziffern, was euch ein Gleiten deucht, oder ein Schleichen von Schlangen oder Nattern oder anderem schlankem Tier, langleibig, mit feuchtem Bauch, meist von schweigsamer Natur; ringelig, giftig, wachsam; Farbe der Nacht; oh, mehr noch als bei den mutmaßlichen Füßen ein anfechtbares Geräusch, wäre es nicht so konstant; ein eindeutiges Geräusch, würde es sich nicht so bemühen, gewundene Linien zu zeichnen; ein Geräusch, das nicht einmal vom Schlaf ablenken könnte, es sei denn durch die anmutige Unregelmäßigkeit seines Verlaufs, zugleich verbissen und leicht, zögernd und rasch; ein Geräusch, das irritierend wirkte durch seine Irrelevanz, schiene es nicht in Wahrheit nach irgendeiner Stimme zu verlangen und in einem Schweigen zu verharren, das man schwerlich als harmlos betrachten kann; und schließlich könnte auch noch dieses geschehen: daß jenes Geräusch deshalb beunruhigend ist, weil es in eine Stille getaucht ist, die man mit Grund als schweigsam phantasieren, aber nur phantasieren kann, und zwar absichtlich schweigsam und deshalb über alle Maßen tückisch. Aber das mit dem stillen Geräusch, könnte das nicht ein abgeschmacktes Lügenmärchen eines so ausgemergelten Bewußtseins sein, daß es zu feineren Unterscheidungen nicht mehr taugt? Sind wir denn nicht auf der Suche nach Gründen des Grauens und freuen uns über jeden Anflug von Schrecken, der unsere Flucht irgendwie erklärt, wenn wir so etwas Flucht nennen wollen, wie dieses Herumziehen, das uns heute Nacht zu einer verdächtigen Rast in einem nächtlichen Dorf geführt hat? Und auch dieses muß man noch erwähnen: Wenn wir es wagen anzunehmen, daß dieses glatte und glitschige Geräusch von einem Kriechtier stammt, dann werden wir, nicht ohne Verwunderung, auch zugeben müssen, daß es in keiner Weise flieht, sondern vielmehr eine Karte zeichnet, vielleicht mit seinen Körpersekreten eine Kartographie des Dorfes spendet, das es womöglich – aber das ist nur eine Vermutung – als sein eigenes betrachtet, wahrscheinlich nicht ohne irgendeine schurkische Berechtigung, oder auch eine nicht schurkische, zumal das Dorf gewiß ein unfreundlicher Ort ist, der für sein Fortbestehen oder wenigstens zu seiner Rechtfertigung irgendeiner Macht oder Hoheitsgewalt bedarf. Es paßt aber nicht in eure Denkart, daß eine Schlange Monarch sein kann; weshalb wir annehmen, daß die Schlange zwar König ist, aber davon keine Kenntnis hat; weshalb es im Inneren des Dorfes Regeln geben muß, die ohne das Wissen derer walten, die ihre Akteure ja Protagonisten sind; weshalb sogar du nichts davon weißt, der du nie richtig im Herzen des Dorfs bist, das nicht wagt, enigmatisch zu sein. Doch freilich, selbst wenn wir annähmen, es gebe in jenem Dorf eine Schlange, und zwar nur eine, und diese sei König, müßten wir notgedrungen auf die Bizarrerie dieses Lügenmärchens stoßen, denn wie können wir behaupten, diese Schlange sei eine, und zwar eine allein? Und wenn es nicht nur eine wäre, dann müßten wir die verschlungenen Wege der Schlange, der Schlangen hören, es müßte da eine Art reptilischer Stadt geben, nicht nur von schleichenden Geräuschen, sondern auch von Zischen und Schnalzen und schnarrenden Schlägen erfüllt. Aber dann wäre die Schlange nicht König, außer es gäbe einen Königshof, doch ein Königshof kann nicht anders sein als lärmend; kurzum, in jenem Dorf scheint eine einsame Schlange geistig nicht unmöglich, auch wenn uns aus dem gewöhnlichen Märchen – es sei denn um uns zu täuschen oder zu erschrecken – keine schmächtigen und schurkischen und zugleich königlichen und einsamen Schlangen bekannt sind, die hingegeben ein nicht einmal serpenteskes Dorf regieren. Und nochmals: ist dieses Rutschen nicht eher ein wenig Sand, den der Wind im genachteten Dorf von Haus zu Haus treibt? Und die Schlange demnach nichts weiter als eines der zahllosen Kinder eures verbissenen Willens zur Angst? Sagen wir also, daß ihr dieses fordert: ein Geräusch, das Beständigkeit und Rhythmus hat und eine sinnvolle Bewegung verrät, oder wenigstens ganz sicher eine, die nicht durch Wind oder Bergsturz, Morast oder Erdbeben oder zeitbedingte Hinfälligkeit erzeugt wird. Und wirklich: deucht euch dies nicht, hört genau hin, der luftig tiefe Rhythmus eines Atems? Nehmen wir also an, es sei ein Tier und kein wehender Wind, denn es könnte ja auch geschehen, daß der Wind mit gewissen rhythmischen Stößen, nicht unähnlich einem skandierten Atem, um irgendeine Häuserecke weht. Es könnte auch sein, daß ein Brunnen in periodischem Rhythmus Wasser spendet, nicht beständig, sondern nur dann, wenn er eine grandiose Präsenz in sich aufgenommen hat, einen so heftigen Wunsch nach Wasser, daß er schlagartig Springbrunnen wird. Es ist auch möglich, daß die rhythmische Wiederkehr der Flußwellen – immer vorausgesetzt, da ist im Dunkel nicht auch das Meer – einem langen Ein- und Ausatmen ähnelt oder einem dem lebendigen Körper innewohnenden Wind. Gewiß, das alles ist möglich, und es ist sicher, daß du nicht darauf verzichten wirst, etwas Natürliches zu vermuten, wissend, wie unnatürlich das Natürliche sein kann, und diesem alles zugestehend, solange das Natürliche darauf verzichtet, lebendig und unvorhersehbar zu sein, fähig zu Wunsch, Liebe, Klage und Verzweiflung. Doch gewiß, ein Fels wird es nicht sein, dieses skandierte Blasen, und auch keine Ebene und kein Mauerwerk; also geben wir es als Anzeichen von etwas Lebendigem aus. Ist es ein großes oder ein winziges Tier? Ein winziges sicher nicht. Weder Ratte noch Reptil, weder Skorpion noch Schlange. Man denke sich indes ein Tier von einiger fleischgewordener Würde; kein Hund, aber vielleicht groß wie ein Hund; keine Katze, aber vielleicht geschmeidig wie eine Katze; kein Tapir, aber vielleicht nachdenklich wie ein Tapir; kein Stier, aber vielleicht schwer und mächtig wie ein Stier; kein Löwe, aber vielleicht schnell und scharf wie ein Löwe; kein Elefant, aber vielleicht edel, herrscherlich und mild wie ein Elefant; kein Dinosaurier schließlich, aber vielleicht zugleich schrecklich und inexistent wie ein Dinosaurier und unendlich tot. Doch dann werden wir uns hierüber wundern: daß ein Tier von so beträchtlicher Statur und Schwere keinen anderen Laut von sich gibt als dieses hohle Schnaufen. Und deshalb werden ein paar müßige und dennoch von geheimer Furcht diktierte Fragen nicht ausbleiben. Etwa ob jenes Dorf, das so gänzlich ohne Leben erscheint – denn das muß man immerhin sagen, daß dort nie, zu keinem Zeitpunkt, ein untrügliches Zeichen von Leben wahrgenommen wurde, nicht einmal eine Fußspur im regennassen raffgierigen Sand – ob jenes Dorf nicht vielleicht doch seit jeher und für allezeit von einer Art Leben besucht oder sogar bewohnt wird, das dem Leben, welches wir kennen, in mancher Hinsicht nicht unähnlich ist, in anderer aber gänzlich fremd; sagen wir, es wäre von zahllosen Tieren bevölkert, unter ihnen sogar ein König, und diese Tiere wären so geartet, daß sie weder Fußspuren noch andere Zeichen hinterlassen könnten und dürften; und sie besäßen auch keine Stimme; und es könnte auch sein, daß dieser verstummte Zustand, in den die Angst nicht ohne einen Anflug von lustvollem Schauder zurückkehrt, auf Krankheit, Folter oder Schrecken beruhte, oder schließlich auf natürlichem Gehorsam. Auf Krankheit: doch dann wäre dieses Dorf nicht verlassen, denn mehr als ein Dorf wäre es dann ein Geschwür – sind jene Häuser denn nicht aus Eiter gebaut, ist es nicht eine Purulenz von Gebäuden, ein Furunkelkomplex, eine Wunde der Erde? Ein Tumor, gewiß, ein Tumor, eine Veteroplasie, eingewachsen in die Erde zu ihrer Entfleischung und Tötung; und ist dann der Fluß nicht abfließende Fäulnis und der Regen ein natürliches Weinen des Körpers, das die verknüpften Nervenfasern löst, und vielleicht eine Selbsttrauer, ein Sich-als-tot-Beweinen, denn vom Himmel ist schließlich nichts zu sehen, weshalb nicht ausgeschlossen ist, daß die Tränen gar nicht himmelhaft sind, sondern seltsam natürlich, aber was heißt das hier, »natürlich«? Ist es denkbar, daß das Dorf und der Fluß und das Schloß als Krankheit irgendwie teilhaben am Leben nicht als reinem zeitlichem Vollzug, sondern als pathologischem Verschleiß, eben als Tod infolge von malignem Verlauf? Dann wäre auch das Rascheln der Füße und der Schlangen möglich als ein Natürliches und zugleich als Abweichung vom Natürlichen – aber wart ihr nicht schon immer mißtrauisch gegenüber diesem so listig einschränkenden Terminus Natürlichkeit? Und wenn diese Phantasie euch mit Schrecken erfüllt, was nicht unvernünftig erscheint, wäre dann vielleicht die Vorstellung tröstlicher, die Tiere seien infolge irgendeiner erlittenen Schikane verstummt? Und hier müßtet ihr euch wiederum fragen, ob diese Schikane vielleicht nichts weiter ist als eure Gegenwart, die schon an sich etwas Übles oder Ansteckendes hat (könntet nicht auch ihr oder euch ähnliche Wesen die Seuche in das nächtliche Dorf getragen haben?) – ob also ihr – mögt ihr nun mild sein oder am edukativen Schrecken beteiligt – nicht auch Schleusen des Schrekkens seid, und nur ihr allein nehmt sie nicht wahr: die Schrecklichkeit eurer Müdigkeit, die Verheerung, die eurer Ergebung folgt, und schließlich die Katastrophe, die mit eurem unmöglichen Plan einer Erholung einhergeht; kurzum, ob ihr nicht selbst die Schikane für jene Tiere seid – wenn sie existieren – das allmächtige Double irgendeines allmächtigen Entsetzensspenders, Machers und Miniaturisten von Gemetzeln? Gewiß, da ihr von einer zähen theologischen Tabes befallen seid, werdet ihr euch einbilden, daß es sich um irgendeine höhere Macht handelt, auch wenn in eurem Herzen darüber Klarheit herrscht, daß gerade eure Müdigkeit und eure Rast in jenem Dorf und das Horchen auf die Geräusche und die Pläne für eine Erholung, die das Fortschreiten über den Fluß hinaus gestattet oder euch vom überquerten Fluß entfernt – daß all das von einem komplizierten aber unbestreitbaren System von Abwesenheiten inspiriert erscheint, einer Art Sippe der Ermangelungen, einer großen und generösen Familie blutsverwandter Nichtse; mit einem Wort, daß es – wie immer man die Topographie der Himmelsräume zu schildern hat – derjenigen eben, die man vom nachtleuchtenden Dorf aus nicht sieht – daß es absolut sicher ist, daß der Weg, der euch zu dieser Ansiedlung von Ödnissen geführt hat, nicht möglich gewesen wäre ohne die Hypothese des Mangels. Aber Mangel wovon? Sicher nicht eurer selbst, die ihr ja anwesend seid, weshalb jene – ich meine die Tiere – während ihr in der Abwesenheit begründet seid, an eure Anwesenheit gekettet wären, die ja auch wirklich eine solche wäre, obwohl sie, so scheint es, von einer spitzfindigen und man möchte fast sagen heraldischen Verstrickung von Ermangelungen gebildet wird. Aber diese Auslegung – nicht unwahrscheinlich – mutet reichlich überspitzt an und stößt euch, so glauben wir, hauptsächlich wegen dieser Versuche ab – und es sind nicht die ersten – euch eine Macht einzureden, die euch anzuvertrauen oder zuzuerkennen ihr nicht als sinnvoll betrachtet, und ihr würdet euch vielleicht als Usurpatoren bezeichnen, ganz sicher unbedacht, denn gerade das: Usurpator zu sein, scheint sich in keinem Moment verleugnen zu lassen, um so mehr als das Dorf, wie immer ihr hingelangt seid, euch gewiß nicht gehört und euch auch nicht beherbergt, und wenn es dort Tiere gibt, was wir im übrigen, darüber sind wir uns ja einig, nicht als sicher erachten, so habt ihr mit ihnen doch keinerlei Pakt geschlossen und könnt euch deshalb nicht auf jene Mischung von Müdigkeit und Schrecklichkeit berufen, die den Usurpator zu kennzeichnen scheint – jenen unberechenbaren, von Grausamkeit und Schrecken, Flucht und Angriffswut getriebenen Tyrannen; und wenn ihr jetzt einwenden wollt, wie ihr das immer tut, daß in euch keine Grausamkeit ist, dann wird man euch dieses fragen: woher nehmt ihr eine solche Wut, wenn nicht aus einer angemessenen Größe beängstigender und aschfahler Angst? Man vermutet, daß die

Ursache dieses stummen Zustands irgendein Schrecken ist, und damit meine ich etwas anderes als jene kleinen pedantischen Quälereien – die Bürokratie der Tortur. Eher einen allgemeinen und doch inbegriffenen Schrekken, fast als stünde jenes Dorf, und das wird euch nicht unsinnig erscheinen, auf terrorisiertem Terrain, auch wenn man nicht weiß, von wem oder wie oder in welcher Weise terrorisiert; so als könnte der Schrecken auch eine atembare, ja gesunde und generöse und sogar kräftigende Luft sein, in der winzige Teilchen von Leben fortdauern, vorausgesetzt daß alle unterschiedslos dem Schrecken unterliegen, das Schrekkensmal tragen; weshalb sie rennen, kriechen und atmen dürfen, aber auf keinen Fall stöhnen, denn das wäre ja bereits ein Sprechen mit dem Schrecken, ein Ihm-ins-Auge-Sehen, Sich-als-ein-Anderes-Erklären, ein zum Entsetzen fähiges, aber nicht mit ihm identisches Wesen. Kurzum, sie wäre, diese Stille, weniger eine Abwesenheit von Stimmen als eine Abwesenheit von Tränen, und deshalb um so schrecklicher, ganz gewiß. Denn die letzte Annahme ist immer noch diese: wenn sie von Natur aus schweigen, dann ist sie, diese Natur, unnatürlich, anders als alles, was wir unter Natur verstehen, und man wird deshalb auch sagen müssen, daß dieses Dorf ein Ort ist, der jenseits der Grenzen dessen liegt, was man hierzulande Natur nennt, und daß die Rast, das Ruhen, die Müdigkeit und das Herumirren, das euch bis hierher geführt hat, ein Fortschreiten in den Gefilden eines Jenseits ist, das offenbar alles gewohnte Natürliche, ja alles Gewohnte schlechthin entbehrt; und ihr müßt jetzt annehmen, in einer unheimlichen Zauberwelt zu sein, mit wundersamen Geschehnissen und Monstren, obwohl das

Monströse sich nur heimlich, im Verborgenen, Verschwiegenen, Zwielichtigen offenbart – in jenem eigensinnigen Zustand, in dem du nicht aufhören kannst zu argwöhnen, daß dort wo Dinge sind auch Lebewesen sind, und daß diese Lebewesen nichts anderes sind als ingeniöse Dinge. Und du wirst fürchten, zu weit weg geraten zu sein, an einen Ort, der keine Verbesserungen duldet, ob du die langsame Strömung durchwatest oder nicht. Trotzdem mußt du dir dieses an diesem Punkt eingestehen: daß etwas, das du beschlossen hattest, Stille zu nennen, jetzt nicht mehr existiert, während etwas anderes – zerfallende Dinge oder fliehende, regierende oder Angst schwitzende Tiere – Klang erzeugt, zweideutig, unregelmäßig und schwach, sehr viel weniger als eine Stimme, aber keine Stille – das nicht. Daß also du, Waffenruhe und Rast suchend, du, niedergeschlagen und müde, nicht etwa den Ort des Nichtgeschehens gefunden hast, sondern einen Ort, der auf irgendeine Weise einem rätselhaften Geschehen geweiht ist. Wir wollen also annehmen, vorläufig nur annehmen, daß in diesem Augenblick, gerade als ihr euch anschickt, die teilweise abstoßende Interpretation zu akzeptieren, der Ort eurer Rast sei auch der Ort des Geschehens – mit welch heimlicher Schläue oder zweideutiger Anspielung die Ereignisse sich auch anbieten mögen – wir wollen also annehmen, daß jetzt, während ihr die Vorstellung eines versteckten Lebens noch spitzfindig in Schach haltet und es euch gelingt, die im übrigen weder grundlose noch grillenhafte Überzeugung zu hegen, jene Geräusche oder Klänge, oder sagen wir ruhig Stimmen, seien nichts weiter als die Indizien einer materischen Wut, einer Instabilität von Dingen, einer Labilität von Sänden, kurzum eines Aufgewühltseins von Dingen, die kein Geschehen kennen – nehmen wir also an, daß man in diesem Augenblick deutlich und unmißverständlich ein Kreischen hört, also die Stimme eines Tiers. Bevor wir fortfahren, erscheint es uns klug oder wenigstens ratsam, darüber nachzudenken, in welcher Weise ihr euch angeschickt hattet, den vorhergehenden Geräuschen zu begegnen; euer Verhalten war vorsichtig, ausweichend, ungesprächig und bestrebt, euch weniger als Alternative oder Widerspruch zu jenen Klängen vorzuschlagen, als vielmehr anzuregen, ich meine jene Klänge zu der Annahme anzuregen – auch wenn es nicht vernünftig erscheint, ihnen die Fähigkeit beizumessen, irgendwelche Anregungen aufzunehmen – daß ihr euch nicht grundlegend von jener Welt unterscheidet, die wir mit mäuerlicher Hinfälligkeit, windgeschüttelten Türen, pedantischen Tropfen und unstabilen Sänden charakterisiert haben. Ihr habt eure mineralische Gestalt bewahrt, weil sie euch vor allem als diejenige lieb war, die euch am wenigsten in Konflikt mit euch selbst brachte, am wenigsten eure Fremdheit unterstrich, und am wenigsten das Problem der Rechtmäßigkeit eures Aufenthaltes stellte. Nun war diese Strategie nicht unbegründet, ja auf ihre Weise sogar schlau, doch in welchem Sinne? Wenn jene Geräusche alle und ausschließlich einen natürlichen Ursprung hatten – Dinge, Ziegel, Wasser, Wind – dann konnte man in der Tat annehmen, daß sie eurer wie immer verstandenen Präsenz gegenüber gleichgültig wären. Eure Vorsicht fand also nirgendwo anders eine Erklärung als in euch selbst: wenn das Dorf, in dem ihr zu übernachten beschlossen hattet, einzig und allein aus Dingen bestand, aber aus solchen, die irgendwie instabil waren, denn sie erzeugten ja Geräusche, wenn auch keine bedeutsamen, dann schien es nicht ratsam, eine Vorstellung zu wecken, die von den Regeln oder Gewohnheiten der Dinge abwich; denn dadurch hätte sich eine Diskontinuität eingeschlichen, eine Unverhältnismäßigkeit, die euch, vermutlich nicht zu Unrecht, als tückisch erschienen wäre. Ihr habt mehr als notwendig reglos verharrt, und wenn ihr eure Füße bewegt oder etwas berührt habt – etwa die Stufe, auf der ihr gesessen seid – dann habt ihr sorgfältig eine Art von Geräusch imitiert, das als absolut natürlich mißverstanden werden konnte. Doch mißverstanden von wem? Tatsächlich war eure Haltung vorsichtig aber auch seltsam gerechtfertigt, und in Wahrheit könnte man sie nur erklären, indem man eine Überlegung heranzöge, die freilich gerade jene wäre, die anzustellen ihr euch weigert, nämlich daß es auch sein könnte, daß alle jene Geräuschquellen oder einige oder auch nur eine einzige, aber es wäre unmöglich festzustellen welche, in schwer definierbarer Weise mit einem Problem beschäftigt wären, das eurem eigenen nicht unähnlich ist, d. h. sich bemühten, einen Klang zu erzeugen, den jeder, auch einer wie ihr, als den Klang eines Dings interpretieren würde. War beispielsweise der Rhythmus der hin- und herschwingenden Tür, die ihre raschen und leichten Schläge abgab, so rhythmisch wie zu erwarten? Und war da nicht zwischen Standuhr und stürzendem Tropfen und Tropfen eine verdächtige Pause, beinah als hielte ein Jemand inne, um mit besonderer Formung des Ohrs weitere Klänge einzufangen? Natürlich gab es kein Mittel und wird es auch nie eines geben, um zu erfahren, ob solches der Fall war; aber wir wissen, daß es nicht ausgeschlossen ist anzunehmen, daß alle Geräuschquellen sich in der gleichen wechselseitigen Lage befinden; doch dann wäre es auch nicht ganz nutzlos sich zu fragen, warum diese Geräuschquellen sich dermaßen voreinander fürchten; aber wir brauchen hier keine Erläuterungen zu liefern, zumal die Furcht der Genannten sich nicht von der Furcht unterschiede, die ihr selbst empfunden habt, und die euch dazu geführt hat, eine so vorsichtige und zögernde, ja gänzlich feige Haltung einzunehmen. Und in der Tat: die Geräuschquellen, die sich in diesem Dorf aufhielten oder es bewohnten – nichts wissend von der Natur und den Absichten der anderen Geräuschquellen und sogar einerseits nicht einmal sicher, ob jene Geräusche wirklich so sinnlos wären wie vermutet, andererseits vermutend, daß es in ihnen keinen Sinn zu suchen gebe außer dem Existenzbeweis für irgendetwas, dessen Natur im übrigen unbestimmt blieb – sie alle, die sich, wenn man so sagen darf, in diesem Dorf befanden oder dort verweilten, hatten eine Lage umsichtiger Abwehr gewählt, dazu bestimmt, mit dem Nichtsein zu kokettieren, ohne indes selbst hineinzustürzen. Doch das war mühsam, denn man konnte in keiner Weise sagen, ob es tatsächlich eine Geräuschquelle gab, die euch irgendwie entsprach, noch konnte man wissen, so man das auf gut Glück annahm, ob eine solche Vermutung nicht eine erhöhte Gefahr oder im Gegenteil ein möglicherweise zweideutiges Bündnis einschloß.

Vor allem aber habt ihr die Reglosigkeit gepflegt. Nun ist diese gewiß kein notwendiges Attribut der Dinge, denn das Wasser fließt, der Wind weht, die Tür schwingt hin und her, der Sand rutscht, und der Ziegel zerbricht beim Aufprall; trotzdem steht fest, daß diese Reglosigkeit den Zustand der Dinge würdig widerspiegelt, etwa des Steins, des Felses oder auch der Mauer, und es ist nicht unmöglich, daß vor allem diese, ich meine die Mauer, euch als das geeignete Modell eurer Dinghaftigkeit erscheint. Tatsächlich wurde hier ein Punkt, und zwar kein geringer, verschwiegen: daß ihr nämlich in Wirklichkeit ein paar Geräusche – sogar Stimmen – erzeugen konntet, freilich nur mit Hilfe einer zeitlichen Verschiebung: indem ihr euch der Erinnerung überließt. Während nun Steine und Felsen, soviel man weiß, gänzlich ohne Erinnerung sein können, kann man sich eine Mauer vorstellen, die – gebaut und zuvor geplant und zuvor gedacht und zuvor gewünscht – irgendwie in das Fortdauern der Erinnerungen verwickelt ist. Doch diese Lösung, wenn man es einmal so nennen will, verfehlte nicht, da und dort nachdenkliches Zögern zu erzeugen, denn es war nicht unmöglich, daß einige oder alle Geräuschsubjekte sich in ihre eigenen Erinnerungen zurückgezogen hatten, in denen vielleicht irgendein Gespräch stattfand oder wo ein solches Gespräch mit anderen Erinnerungen wenigstens nicht unmöglich war; und deshalb konnte eure Vorsicht nichts anderes tun, als bis zum Äußersten der Erinnerung zurückzustoßen, das vor Einbrüchen und Hinterhalten geschützt werden mußte, oder einfach vor den Verlockungen der in andere Erinnerungen eingeschlossenen Geräusche oder Stimmen. Es muß jedoch nochmals betont werden, daß nichts zu irgendeinem Zeitpunkt mit Sicherheit sagen konnte, ob jene Kautelen einen Sinn hatten, oder ob es sich nur um von einfallsreicher Angst diktierte Vorsichtsmaßnahmen handelte, zumal allein die Angst in jenem

Dorf existent war; aber hatten wir nicht bereits gesagt, daß jene Geräusche mit irgendeiner Angst zu tun haben könnten? Wenn man nun das Problem auf etwas Winziges und absolut Unwesentliches reduzierte – konnte dann nicht auch die schiere Angst, die ihr kultiviertet, die anderen Geräuschsubjekte bedroht haben, und konntet nicht schließlich auch ihr als Quelle des Schreckens die Quelle der Angst sein, zumal selbst unerträglich mit Angst verseucht?

In dem Augenblick also, da man den Schrei hört, diskutiert ihr gerade über die Angst – eure Angst, die Angst des Ortes und die Angst, die jene anderen Geräusche vielleicht erzeugt, vielleicht interpretiert. Es ist aber deutlich, daß eure Präsenz, und zwar nur diese, die Interpretation des Ortes ist – des Dorfs, wie man ihn definiert hat – und daß es, wäret ihr nicht bis hierher gekommen, vermutlich gar keine Geräusche gäbe. Doch an diesem Punkt stellt sich unweigerlich ein neues Problem: wenn ihr in einem Moment der Stille hier angekommen seid oder es euch wenigstens so schien, dann wird es ratsam sein, eure Haltung gegenüber dieser Stille zu interpretieren, auch wenn sie illusorisch ist, denn die mutmaßlich illusorische Bedingung der Geräusche hat das Problem der Interpretation eures Gesprächs mit diesen Geräuschen nicht daran gehindert, sich zu stellen. Also: für einige Zeit, gleichgültig ob kurz oder lang, jählings oder Jahrhunderte hindurch, habt ihr in einem Zustand der Stille gelebt. Die Stille ist keine Verringerung des Geräuschs auf Null, sondern etwas anderes, ein Jenseits im Bezug auf das Geräusch. Für jenen Augenblick mußtet ihr eine Interpretation der Stille und eurer selbst in dieser Stille geben. Ich weiß, daß man gesagt hat, ihr würdet euch vielleicht freuen, zum Zeichen, daß der Ort für eine Rast, eine Ruhepause außerordentlich geeignet war; aber da es euch nie gelungen ist zu erklären, wie die von jener Pause unterbrochene Wegstrecke beschaffen war, ist vermutlich auch niemals klar geworden, in welchem Sinne diese stille Pause Befriedigung bot. In Wirklichkeit habt ihr es vermieden, euch das Problem der Stille zu stellen; und in der Tat, wenn es sich um eine absolute Stille gehandelt hätte – die Stille, die man auch als Jenseits bezeichnet – dann wäre diese Stille unangreifbar gewesen, in gewisser Weise selbstgenügsam, autonom; eure Reaktion hat aber gerade darauf abgezielt, dem gebieterischen Charakter und der dialektischen Unfähigkeit dieser Stille auszuweichen. Sagen wir, daß gerade jener Moment, den ihr euch als besonders geruhsam ausgemalt hattet, in Wirklichkeit der Ausgangspunkt der Angst gewesen ist – der Angst, die die Geräusche erzeugt hat. Einen Moment lang habt ihr euch gefragt, ob ihr gestorben wäret oder wenigstens an einen Ort gelangt, der in jedem Fall endgültig war, so sehr, daß er weder Vervollkommnungen noch Verbesserungen noch Interpretationen zuließ. Und das war es auch, was euch an dieser Stille unerträglich erschien: das Bewußtsein, daß sie keine Interpretationen zuließ, und daß es deshalb gar nicht möglich war, sich ihr als Alternative, Gegenüber oder Gesprächspartner anzubieten, ebenso wie es von Grund auf unmöglich war, diese Stille zu leben oder wenigstens zu bewohnen. Doch an diesem Punkt hat euch etwas gerettet, das schon immer eine unerschöpfliche Quelle für euch war: eure Unredlichkeit. Es war in der Tat nicht sicher, daß diese Stille wirklich still war; diese Stille war zweideutig, mußte zweideutig sein, genauso wie ihr beschlossen hattet, daß die Geräusche zweideutig wären; die Stille ist nicht hörbar; doch diese Stille konnte hörbar sein; eine unreine Stille. Aber eure Unredlichkeit war weniger mutig als raffiniert, was tadelnswert wäre, läge nicht gerade in eurer Feigheit eine wunderbare Kraft. Jene unreine Stille duldete nämlich die Interpretation, verlangte sie also; aber die Stille interpretieren hieß, in die Stille einzudringen und sie anzunehmen, und das war schrecklich, denn die Unreinheit der Stille vermindert weder ihre Größe noch ihre Distanz. Wenn die reine Stille fremd ist und schrecklich wegen ihrer Fremdheit, die sie unverständlich macht, dann ist die unreine Stille fern, in dem Sinne, daß, wo immer man in sie eindringt, wieder eine neue Stille beginnt – genauso unrein und genauso endlos. Aber ihre Unreinheit bewirkt, daß man in diese Stille langsam und unausweichlich eindringt, ja mit einer gewissen Unbekümmertheit, die aber nicht nur von der Angst nicht abweicht, sondern eine Einheit mit ihr formt. Und auch dies ist noch beunruhigend an der unreinen Stille: daß sie *wird*, auch wenn niemand zu sagen wüßte wovon und zu was, und ob in irgendeinem gewordenen Bild diese Stille Ruhe findet; ich sagte Bild, aber ihr wißt ja, daß gerade die der unreinen Stille eigentümliche Abscheu gegen das Bild sie seltsam mit den Geräuschen verschwistert, und daß es in Wahrheit in jenem Dorf, in jener Nacht, während jener Rast kein anderes Bild geben könnte als eures. Also: die Unredlichkeit, die euch gestattet hat, euch der reinen und deshalb unerträglichen und öden Stille zu entziehen, hat euch Zugang zur unreinen Stille verschafft, aber diese ist, wie von gewissen Höllenmaschinen und alchemistischen

Konstruktionen gesagt wird – diese ist instabil, weshalb die unreine Stille eine Art unstabile Oberfläche darstellt, wie ein auf einem Baumstumpf wippendes Brett – ein kindliches Spiel, wenn ich nicht irre – und da bietet euch nun diese unreine Stille, in die ihr geflohen seid, um der stillen Angst zu entkommen, ein anderes, milderes und indirekteres, langsameres und schleichenderes Entsetzen an, und das ist das Entsetzen des Werdens. Doch selbst wenn ihr es wagt, an sie zu denken, in die reine Stille wagt ihr euch nicht zu flüchten, und deshalb müßt ihr dieses unerträgliche Experiment mit der stillen Unreinheit fortsetzen. Diese Unreinheit könnte euch freilich auch trösten; sie könnte euch einen gediegenen geistigen Raum anbieten, um euch zu zeigen, daß nichts Unwiederbringliches geschehen ist und ihr folglich in einer beruhigenden Lage seid; aber das, was gesagt wurde, schließt auch mit ein, daß wenn nichts Unwiederbringliches geschehen ist, dies nur bedeutet, daß etwas Unwiederbringliches notwendig noch geschehen muß, und daß der Eintritt in die unreine Stille deshalb dieses bedeutet: die Wahl eines indirekten, ausweichenden, labyrinthischen und enigmatischen Wegs, um zu jenem Unwiederbringlichen zu gelangen, das gerade der Eintritt in die unreine Stille irgendwie entrückt hatte. Gewiß, ihr müßtet euch nun fragen, ob eure Feigheit und Unredlichkeit euch eine kostbare Hilfe gewesen sind, oder ob sie euch auf einen Weg der Ängste gebracht haben; jedenfalls bleiben sie auch weiterhin eure schärfsten Waffen, und ich sehe nicht ein, warum ihr auf den Beistand von etwas verzichten sollt, was euch natürlich ist. Gut; wir haben von Situationen gesprochen, die überwunden zu sein scheinen, jetzt wo es sich nicht mehr um reine oder unreine Stille handelt und auch nicht um Geräusche, sondern um etwas anderes, nämlich um das, was wir als Schrei bezeichnet haben. Aber eigentlich ist Schrei hier ungenau; es gibt da ein Wort wie Gluckern, das mir passender erscheint, sagen wir ein Gurren, etwas, das etwas Törichtes und Klagendes hat. Aber seht ihr, diese beiden Wörter leiten eine neue Zeit ein, denn etwas, das Wörter wie töricht und klagend duldet, ist bestimmt kein Ding ohne Werden; es muß ein lebendiges Ding sein, auch wenn die beiden Wörter sich schlecht vertragen. Aber natürlich vermeidet ihr es vorläufig auszuschließen, daß es sich um eine Tierstimme oder ein Tiergeräusch handelt; und weil ihr nicht mehr an natürliche Dinge denken könnt, müßt ihr euch irgendein phonisches Wunder ausmalen, sagen wir ein Gespenst, einen Engel, einen Dämon. Es ist klar, daß eure Unredlichkeit an diesem Punkt gefährlich wird, und deshalb müßtet ihr euch damit begnügen feige zu sein; doch auch das ist nicht leicht. In der Tat wirft der Schrei sogleich Probleme auf, die ihr wohl oder übel anfangen müßt zu untersuchen. Jedenfalls muß man den Schrei, oder genauer gesagt das Gluckern – wie dumpf und tonlos es auch sei – als Einleitung zu einer neuen Ära betrachten, in der den Geräuschen die Weisen der Tiere folgen, ich möchte sogar sagen ihre Stimmen, wenn es nicht richtiger wäre, auch jenes andere, wozu man leichthin Geräusche sagt, als Stimmen zu bezeichnen. Doch in welcher Beziehung stehen wohl diese Stimmen zu den vorhergehenden Geräuschen? Das Problem ist klar und grundlegend und kann nicht anders angegangen werden als mit behutsamer Unredlichkeit. Ich nehme an, daß es an diesem Punkt ratsam wäre, eine Frage zu klären, die grundlegend erscheint, um ein kohärentes Verhalten gegenüber dem Gluckern oder was immer es sei zu planen. Diese Frage lautet: In welcher Beziehung steht jener Klang zu den Geräuschen, die ihm vorausgingen? Nun, solange wir nur jenes Gluckern hören, können wir von einer Lösung träumen, die keinen unwiederbringlichen Bruch mit sich bringt. Das Gluckern könnte der äußerst seltene Fall eines Geräuschs sein, das eine Stimme nachahmt; doch das ist nicht wahrscheinlich. Prüfen wir also die Lage und bedenken dabei, daß es von diesem Augenblick an möglich ist, daß dem Gluckern ein Schrei, ein Jammern, ein Zischen folgt; daß es also unvermeidlich ist, sich einen gänzlich neuen Plan des Ortes vorzustellen, an dem wir rasten. Wenn nun aber die Geräusche zu Klängen geworden sind, wie dieser, den wir gerade hören, oder andere, denen zu lauschen wir jetzt bereit sind, dann will das vermutlich heißen, daß wir seit jeher einen von Stimmen erfüllten Ort bewohnen, also keinen harmlosen Ort, denn alles kann harmlos sein – doch auch das ist nicht sicher – außer etwas Lebendigem, zur Stimme Fähigem. Wenn wir nun also annehmen, daß die Geräusche den Stimmen vorausgegangen sind, dann können wir auch annehmen, daß dieses geschehen ist, weil alle vorhandenen Stimmen sich als Geräusche verkleidet hatten oder weil das Zeitalter der Geräusche irgendwie zuendegegangen und das Zeitalter der Klänge an seine Stelle getreten war; oder auch weil eine Art Einbruch der Stimmen stattgefunden hatte oder wenigstens eine einzelne Stimme, der Welt der Geräusche ursprünglich fremd, in diese eingedrungen war; und da könnte es sein, daß es von diesem Augenblick an keine Geräusche mehr gibt, oder daß die Präsenz der Klänge auf die Geräusche einwirkt und sie überredet, Klang zu werden, Stimme. Welche dieser Hypothesen nun glaubhaft ist – und eine muß es ja schließlich sein – so bedeutet es jedenfalls, daß du dich von diesem Augenblick an in einer gänzlich unerprobten Lage befindest, die man kaum anders nennen kann als äußerst gefährlich, auch wenn niemand genau zu sagen wüßte, um was für eine Art Gefahr es sich handelt und ob es eine sozusagen gefährliche Gefahr ist, d. h. eine Lage, die das gesamte System bedroht, das ihr euch nach und nach geschaffen habt, um in einer unerträglichen Lage zu überdauern. Sind die Geräusche verstummt? Nehmen wir es an. Das könnte dadurch geschehen sein, daß die Geräusche das Gluckern bemerkt haben und in Alarmstellung gegangen sind, mucksmäuschenstill und sozusagen plattgedrückt und auf eine Weise schweigend, daß ihre Stille unausweichlich als Signal zur Quelle des Gluckerns gelangt; also könnten wir diese Stille, die wir weder rein noch unrein nennen können, als klingend oder signalisierend bezeichnen, und könnten ein Zwiegespräch vermuten zwischen der Stille und dem Gluckern. Du wirst jetzt merken, daß auch du in diesem Augenblick schweigst; du bist also in diese Stille verwickelt. Und wirklich, die Stille, die du als Vorsichtsmaßnahme gegen die Geräusche erprobtest, neigte dazu, dich den Geräuschen anzugleichen, auf daß du nicht mehr anders wärest; kurzum, du brachtest dich als potentielles Geräusch in Vorschlag; doch jetzt ist es anders: du schweigst, weil du geistige Maßnahmen gegen den Klang ergreifen mußt, der deinen nächtlichen Plan verletzt hat. Jetzt, so wirst du merken, bist du nicht mehr müde; deine Müdigkeit, die dich zum Ruhen überredet hatte, ist einer tiefen Beunruhigung gewichen, die nicht nur Angst ist, sondern eine raffinierte und feine Form des Schreckens, ein aktiver Schrecken, nicht unvereinbar mit der Existenz. Du entfernst also gerade die Zeit der Geräusche aus deinem Kopf wie eine Art von Kindheit und spielst dich auf vor dem, was du jetzt als Klang definierst, nämlich dem Gluckern. Hör es dir an: es ist ein heiserer, weicher, leiernder Klang. Du bemühst dich, ihn geistig zu erleben. Du erlebst ihn, weil du zu verstehen versuchst, welchem geistigen Zustand dieser Klang entspricht. Natürlich ist es nicht schwer, ihn zu bestimmen: es ist eine Klage. An diesem Punkt schreckst du sicherlich davor zurück, einfach zu sagen, du seist mit einer Klage in Kontakt, zumal euch das notgedrungen als anthropomorphische Definition erscheinen müßte, denn natürlich sagt die Behauptung, jenes Gluckern sei eine Klage, nichts Endgültiges darüber aus, wer oder was sich beklagt und worüber es sich beklagt, und ob es sich wirklich um eine Klage handelt und nicht um eine Weise, die wir – von der Angst bewegt – als Klage interpretieren; in diesem Fall wüßten wir nicht einmal, ob wir dazu bewegt sind, es eine Klage zu nennen, weil wir dazu neigen, ihm seine Aggressivität zu nehmen, oder weil wir eine irgendwie brüderliche Beziehung dazu herstellen möchten, oder auch weil jene Klage uns das seltsame Hochgefühl vermittelt, das man angesichts eines Leidens empfindet, welches man nicht nur nicht teilt, sondern sogar ablehnt. Jedenfalls ist das, was sich beklagt, eine extrem überfeinerte Form von Ding – ein Ding, das im Begriff ist ins Sein überzugehen, das Werden zu erproben, das Leiden und Wünschen zu erfahren, also genau am Rand, auf der Schwelle. Könnte also jene Klage auch die Angst einer verlorenen Dinghaftigkeit sein – jenes Dings, das weder Fortschritt noch Verfall erlebte, sondern als Ganzes allmählich vom Gegenstand in den Zustand des Staubs überging? Jetzt erfährt diese Sache gerade die ersten Herausforderungen des Seins; und es kann sein, daß das Sein das Sein der Sache verletzt, und daß dies nicht das Weinen einer Geburt ist, sondern das Stöhnen einer Verwandlung, die unzählige Formen des Schmerzes mit sich bringt, jene Formen, die du sehr genau kennst und die dich zu diesem Rastplatz im Herzen der Nacht gebracht haben. Wenn es sich also um ein Ding handelt, das auf der Schwelle zum Sein balanciert, dann kannst du nicht erfahren, worum es sich handelt, auf keine Art. Du kannst es ein Monstrum nennen, und es würde dir, könntest du es sehen, vermutlich als solches erscheinen – eben als ein Monstrum; aber so hochgradig monströs, daß es das Weinende Monstrum wäre. Was glaubst du, ist es? Vielleicht die vom Winde gerüttelte Tür, die ein anderer Wind gepackt hat, und die Tür weiß jetzt, daß keine Hand sie mehr trösten kann und daß es kein Sich-Öffnen und Schließen mehr für sie gibt, sondern nur noch dieses ununterbrochene Torkeln vor einem Loch, diese einsamen Drehungen in unsicheren Angeln, dieses Altern und Den-Tod-Erwarten in fortwährender Gebrechlichkeit, die der Tür bisher nicht bewußt war. Oder vielleicht ein zerrütteter Ziegel, der das Bewußtsein seiner eigenen Fremdheit gegenüber dem Gebäude erlangt hat, in dem er seinen Platz ausgefüllt hatte; es ist aber auch möglich, daß gerade dieses Ausgestoßensein dem Ziegel das Zeichen für seinen neuen Zustand gegeben hat als etwas, das existiert, ohne

Teil eines Systems zu sein. Aber wie dem auch sei und welches Geräusch du auch wählst, du wirst immer eine zugleich hypothetische und monströse Geschichte zu erzählen haben, die den Weg des Dings zum Sein beschreibt, und auf diesen Weg setzt du die Klage. Natürlich ist nichts davon sicher; im Gegenteil, alles ist ganz aleatorisch; du weißt nur, daß ein Wesen, das du nicht wagen würdest einfach als Ding zu bezeichnen, einen Laut ausstößt, der dir als Klage erscheint. Ich sagte, du würdest es nicht wagen; du mußt also zugeben, daß diese Klage auch eine Drohung ist; und in der Tat, ein Ding ist ein einschränkendes Bild: es scheint zum Beispiel keinen Hunger zu haben, es scheint nicht unter Einsamkeit zu leiden; es hat keine Ideen, von denen es uns überzeugen möchte, und keine Offenbarungen, zu denen es uns bekehren möchte; es scheint sich nicht zu verlieben; es wird nicht krank, wenigstens nicht ansteckend, außer für andere Dinge (der Zusammenbruch könnte auch eine Seuche sein). Doch jetzt sind alle diese gemäßigt negativen, freilich auch unsicheren Gewißheiten – niemand hat je unumkehrbar bestimmt, was ein Ding überhaupt ist – unhaltbar geworden; man muß der Annahme Raum geben, daß jetzt etwas da ist, das Hunger und Liebe verspürt und sich anstecken und Ideen haben kann. Es wäre einfach zu behaupten, daß ein so geartetes Wesen – auch wenn nur teilweise Wesen – uns freundlich gesinnt sein könnte oder wenigstens nicht fremd; es gibt jedoch zahllose Nachrichten, die du nicht hast und dir nicht zu verschaffen weißt, womöglich gar nicht verschaffen willst, zumal du in einem solchen Fall gezwungen wärest, dich einem genaueren und folglich einschüchternderen Bild zu stellen. Aber auch wenn wir annehmen, daß jenes Ding soeben ins Sein übergeht, so wissen wir doch weder, an welchem Punkt diese seltsame Verwandlung angelangt ist, noch wie sie zu einem Schluß geführt werden soll; wir wissen auch nicht, welche Empfindungen dasjenige hegt, was sich auf solche Weise verwandelt, noch ob es allein ist; denn es ist nicht unmöglich, daß im selben Augenblick eine Menge, eine Vielheit von Dingen Wesen wird, die vielleicht an verschiedenen Punkten der Verwandlung angelangt sind – ein Türgriff beginnt gerade erst, während der Wachtturm schon versucht, sich die Haare zu raufen, und eine Dachrinne einer fürchterlichen Verwirrung anheimfällt. Es bedarf also großer Vorsicht. Zunächst einmal wissen wir nichts über den Umfang dessen, was diesen Laut hervorbringt; tatsächlich hast auch du in dieser Finsternis das klare Bewußtsein deines Umfangs weitgehend verloren; es kann durchaus sein, daß jene Stimme von einem riesigen Wesen oder von einem Insekt stammt; doch auch hier: niemand weiß, ob das riesige Wesen mild und das Insekt giftig ist oder umgekehrt; und niemand weiß, ob jenes Wesen, wenn die Verwandlung erst vollzogen ist, sich nicht in Bewegung setzt, und dann gerät der ganze Plan des Dorfs ins Wanken, ja kein einziger Plan ist je wieder möglich, und niemand kann auf irgendeine Weise noch wissen, wo er sich befindet, und alles weil irgendetwas Gluckerndes herumläuft, wenn dieses Verb hier überhaupt paßt, aber selbst wenn seine Bewegung ein Kriechen wäre, würde nichts anders, das Dorf wäre unbewohnbar, obwohl du nicht wüßtest, wohin gehen, und auch nicht, ob jenseits des Flusses, jenes Flusses, der jetzt mit den Klängen einer Sache zu tun haben könnte, die gerade Wesen wird, noch ein anderes, weniger nächtliches Dorf existiert. Doch in einem gewissen Augenblick akzeptierst du die Idee, daß diese Weise eine Klage sei. Du akzeptierst sie, weil du sie dadurch benennen und deshalb in weniger unvernünftiger Weise fürchten kannst, und dir sogar einen Dialog ausdenken kannst mit dem, was sich beklagt. Natürlich keinen richtigen Dialog, denn das, wovon du annimmst, daß es sich beklagt, hat höchstwahrscheinlich keine Ahnung von deiner Beachtung, aber auf diese Weise meinst du willkürlich zu verstehen, was an einem Ort geschieht, von dem du keine Kenntnis hast, der aber nicht weit von dir entfernt ist. Glaubst du also nicht, daß es geschehen wird – wenn deine Annahmen begründet sind und die Dinge den Übergang zum Sein erproben – daß nach und nach verschiedene Formen der Klage zu hören sind? Mit einem Schauder vernimmst du bereits ein zartes Zischen, dann ein Pfeifen, dann einen tonlosen Triller, ein rasches Gepiep. Jetzt hegst du keinen Zweifel mehr: wenn je die Dinge sich an einer Verwandlung erprobten, dann ist sie jetzt im Begriff zu gelingen, ist womöglich schon gelungen, und du bist jetzt an einem von Wesen besuchten Ort, und überall lösen sich aus dem Dunkel Klänge – scharfe, herbe, feine, dünne, zornige, bittere, rasche, hohe, dumpfe, sehnsüchtige, ersterbende. Aber Klänge. Jetzt durchdringt die Klage jedweden Raum, und du bist irgendwie im Zentrum der Klage, und womöglich phantasierst du sogar, daß jene große Klage, die jetzt allenthalben ausbricht, dir anvertraut ist, nur dir allein, und daß jemand, den du als Wesen bezeichnen mußt, an dich appelliert, auf daß du diese Klage hältst und bewahrst. Aber wessen Klage? Und warum so viel Klagen? Es ist nicht deine Aufgabe zu wissen, wer sich beklagt und warum, denn deine Präsenz, wenngleich schweigsam, ist formell nicht verschieden, zumal du erfahrungsgemäß Titular einer Klage bist und durch deine Nächtlichkeit und Stummheit unbekannt bleibst, obwohl der, der diese große Klage äußert, dich ahnt. Heißt das also, daß du mit der Klage im Einklang bist? Das wäre eine übertriebene und vermutlich gefährliche Behauptung. Tatsächlich wissen wir nicht, warum die Klage sich just an dem Ort ereignet, wo du rastest, und ob deine Rast etwas mit der Verwandlung der Dinge in Wesen und ihrem absoluten Leiden zu tun hat oder nicht; denn wenn deine Präsenz wirklich mit dieser Wehklage zu tun hätte, dann könnten wir annehmen, daß jener Klang ein Signal von Groll und Abscheu enthielte, einen Anflug von Rebellion, vielleicht auch ein Signal für eine Bestrafung; denn es ist nicht sicher, daß die Dinge akzeptieren, Wesen zu werden, und es kann durchaus geschehen, daß sie deine Gegenwart, obwohl unschuldig, als schuldig betrachten, und tatsächlich würde es für dich schwierig sein, irgendeine Schuldhaftigkeit zu leugnen, denn deine Verhaltensweise deutet offenbar auf etwas Schuldhaftes und Peinvolles, vielleicht sogar Arglistiges hin, und es könnte ja jemanden geben, für den es augenfällig wäre, daß in deiner Rast in diesem Dorf viel von Heimlichkeit ist, vielleicht sogar ein Versteck; und nun kehren wir zu unserer Phantasie zurück: daß nämlich das, was du durchmachst – Angst und Schrekken – generativ ist und eben jene wehklagend schwere Verwandlung generiert; und deshalb könnte der Groll, den du in diesem Klang vermutest, auch etwas sein, das ohne dich nicht existierte. Du also zeugst das

Sein? Nicht du – deine Angst ist samengleich, spermatisch. Aber nehmen wir nun als nicht unbegründet die folgende Hypothese: daß das Sein der Angst entspringt und daß diese deine ist. In dem Augenblick, da sich der Übergang, der sich im Sein erfüllt, aller Wahrscheinlichkeit nach vollzieht, fällt dir die Aufgabe zu, eine Haltung – irgendeine – dem Gluckern gegenüber zu beziehen. Wir haben es als Klage definiert. Du bist nicht ganz sicher, es ist aber wahrscheinlich, daß es sich um eine Klage handelt. Jedenfalls ist jener Klang demjenigen, den du als Klage betrachtest, ähnlich. Du erkennst also in jenem Klang einen dir eigenen Klang, in jener Redeweise eine dir eigene Weise. Also erkennst du auch die Klage, denn die Klage ist eine sprachliche Form von dir und dir darum nicht fremd, sondern im Gegenteil natürlich; ich meine jene Klage. Das Gluckern kommt von einem Wesen her, oder vielmehr von einem Beinah-Wesen, von dem wir angenommen haben, es sei ein Monstrum. Wir wissen nicht, ob es ein Monstrum ist, aber sagen wir, die Hypothese, es sei ein Monstrum, ist das Äußerste, was wir bemühen können. Nehmen wir also an, es sei ein Monstrum; wenn du nun aber deine Klage als mit jener Klage blutsverwandt erkennst – heißt das dann nicht, daß du so eng mit dem Monstrum verwandt bist, daß es nicht ausgeschlossen erscheint, in dir nichts anderes zu sehen als ein Monstrum? Doch kehren wir zur Bedeutung der Klage zurück. Das Glukkern, in dem sie sich ausdrückt, ist kein edler und würdiger Klang; aber wir wissen nicht, ob seine Nichtswürdigkeit auf seinem Klagesein beruht oder auf einer inneren Eigenschaft seiner Modulation. Jedenfalls kennen wir die Klage in einer Form, die man ohne Übertreibung als schändlich bezeichnen kann. Da aber die Klage mit dir verwandt ist und du schweigst, könnten wir auch folgendes vermuten: daß jenes Gluckern eine delegierte Klage ist, und daß seine Schändlichkeit darauf beruht, daß es mit einem unerträglichen Auftrag belastet ist; und wenn du merkst, was du unweigerlich merken mußt, daß es rings um das Gluckern still geworden ist – in Wirklichkeit dauert die Stille nur an, aber auch die Geräusche scheinen jetzt wie verflüchtigt – dann kannst du vermuten, daß die Klage in Wahrheit kollektiv ist, also ein ganzer Haufen von delegierten Klagen, unter denen die philosophisch dürftigen, ja die widersprüchlichen oder schlecht durchdachten überwiegen; und wenn deine Klage unter diesen Klagen weilt, dann heißt das, daß du Nutzen daraus ziehst oder daß die Lage dir entspricht. Doch man bedenke auch dieses: wenn deine Klage eine der unzähligen verschwiegenen weil an das Gluckern delegierten Klagen ist, das wie gesagt von einem Monstrum stammen kann, dann ist es ganz unvermeidlich, daß unter den vielfach delegierten Klagen auch Monstren sind; schweigsame eben, was zeigt, daß es auch schweigsame Monstren geben kann; also schließt selbst deine Stille dich nicht von der Möglichkeit aus, selbst Monstrum zu sein. Doch in Wirklichkeit ist es zwar möglich, aber nicht sicher, daß es zahllose Delegationen gibt, während es mehr als wahrscheinlich anmutet, daß du, gerade du, der Auftraggeber bist; aber dann könnte es auch sein, wenn man gesagt hat, deine Angst sei spermatisch, daß deine Klage gleichfalls samenartig ist, und daß es, wäre da nicht dein Schweigen, die Erbärmlichkeit des Gluckerns gar nicht gäbe. Deine Verwandtschaft mit der Klage und der

Quelle dieser Klage müßte dir Gelegenheit bieten, den Sinn der Klage zu verstehen; es ist aber auch möglich, daß du die Klage gerade deshalb delegiert hast, weil du nicht gezwungen sein wolltest, ihren Sinn zu interpretieren. Und daraus kannst du dann schließen, daß das Gluckern mit seiner Klage und seiner Schändlichkeit – die es, das Gluckern, vermutlich im nämlichen Akt des Sich-Beklagens beklagt – nicht zu wissen wagt, daß alles darauf abzielt, gerade den Sinn des Gejammers unter dem abscheulichen Mantel des Gejammers zu verstecken; man klagt also, um nicht zu wissen, worüber man klagt. Und jetzt horch: das Gluckern ist weich und ungleichmäßig und wie gedankenvoll moduliert, und es ist nicht unmöglich, daß es über erinnerte Dinge meditiert; wenn aber das Jammern der Erinnerung entspringt, dann kann es auch sein, daß das Gluckern mit anderen Lauten zu tun hat, vielleicht, aber nicht notwendig, mit anderem Geglucker, das zu seiner und vielleicht auch deiner Vergangenheit gehört. Womöglich habt ihr, du und das Monstrum – immer vorausgesetzt ihr seid zwei und verschieden – im Archiv eurer Erinnerungen Schreie, Pfiffe, Gluckser oder auch zerstückelte Melodien, und beklagt euch nun über die Unsinnigkeit solch fernen Gerümpels. Aber schließlich hast du, nur du allein, überrascht von der Nacht – aber was war da vor der Nacht? – in jenem du weißt nicht mehr wie sehr verlassenen oder übervölkerten Dorf – hast du allein die Pflicht, deine Aufmerksamkeit, und auch deine Angst, der einfachen aber obstinaten Linie des Jammerns zuzuwenden. Du mußt auch seine Entfernung abschätzen, denn das wird dir zeigen, wie sehr du dich in einer möglichen Gefahr befindest; auch seine Natur: geflügelt, kriechend, lind und wild; seinen Umfang; seine Einsamkeit, denn es ist nicht unmöglich, daß das Gejammer, sorgfältig skandiert, von mehreren Stimmen artikuliert wird; auch seine Erinnerungen, die eine Vergangenheit zu beleuchten vermöchten, welche die Reminiszenzen eines Dings enthalten könnte; was für eine Autobiographie kann man von einem Ziegelstein erwarten? Welche überstürzten Geständnisse von einem bebenden Tropfen? Du schweigst, verharrst kauernd und weißt nicht, welches Schicksal jener jammernde Klang dir verheißt. Dein Körper, soweit man in dieser Dunkelheit erkennen kann, ist vorsichtig; du bemühst dich, nicht mit den Füßen zu schlurfen; du stellst dir die im Grunde müßige Frage, ob es Zeit für dich sei, loszurennen, irgendeinem Ausgang zu, der dich vom Modulieren zermürbender Hieroglyphen befreit. Du möchtest nicht länger inmitten von Rätseln weilen, nicht wahr? Was für Phantasien, mein Lieber. Horch: dies könnte das Rauschen des Flusses sein, dies eine zuschlagende Tür, und dies das Tröpfeln von ein wenig Wasser; alles könnte schließlich sein wie immer, gar nichts könnte geschehen sein, doch halt, da ist es ja wieder, die Klage, das Gluckern, und die anderen Geräusche sind in Wirklichkeit entweder nicht mehr da oder nicht als Geräusche definierbar. Doch wie dem auch sei, die geflügelte Klage hat jedenfalls dein Ruhen, deine Müdigkeit verwandelt, zeichnet auch schon einen neuen Plan des Dorfs, und hat, wie es scheint, sogar die Form der Welt von Grund auf verändert; und während das Gluckern mit einem letzten Japsen erlischt, tritt der herbe Klang noch gebieterischer hervor – kein Knurren oder Röcheln, sondern ein Lallen, das in ein Winseln mündet, aber kein Winseln von etwas Kleinem, sondern eher etwas, das ein Heulen wäre, gäbe es in diesem Winseln nicht den üblen – ist das das Wort? – den üblen Wunsch, die Natur des Klangs und seinen Sinn zu verhehlen. Dies ist nun kein Ort mehr für das, was du die Erbärmlichkeit des Gluckerns genannt hast und was dir jetzt als liebenswert erscheint: seine Ungenauigkeit, die du jetzt Keuschheit nennst, sein unordentlicher Satzbau, in dem du jetzt kindliche Zärtlichkeit siehst, seine Angst, die dir jetzt als Milde erscheint. Denn dieses Winseln ist grausam. Dennoch vernimmst du mit deinen beweglichen Ohren auch dieses: daß keine Geräusche von Schritten vernehmbar sind und keine Anzeichen dafür, daß derjenige, der diesen Ton erzeugt, etwas sucht; denn die einleuchtendste Art, diesen Ton zu erklären, wäre ja die, daß er ein allgemeines Verlangen ausdrückt, eine Art Hunger. Aber du hörst kein Geräusch von Schritten, keinen Ruck eines sich bewegenden Körpers, und bemerkst auch keinen irgendwie wilden Duft, riechst nicht das unverwechselbare Aroma des Kots, jenes äußersten Anzeichens von vertilgter Nahrung. Da ist nichts außer diesem Ton des Verlangens – einem reinen Ton, so als hätte das Stimme gewordene, ganz und gar körperlose Verlangen sich selbst in jenem Röhren moduliert. Also: etwas, jemand, ein Ding, das den Übergang zum Sein vollbracht hat, das aufgehört hat zu stöhnen, oder besser, das ihm auferlegte Stöhnen vollbracht hat – dasjenige, derjenige jault jetzt wie vor Hunger. Jetzt verwirrt dich nicht mehr das Sehnen des gehörten Stöhnens, sondern ein Schauder durchzieht deinen Körper und du fragst dich, ob du Speise geworden bist. Dein Hören ist jetzt raubtierhaft, blitzartig, scharf; denn auch deine Anteilnahme am Schmerz ist nach der Verwandlung in Angst jetzt Grausamkeit. Jene andere Grausamkeit hat Grausamkeit in dir erzeugt, falls nicht eine dir eigene heimliche Grausamkeit jene Grausamkeit erzeugt hat, die jetzt jault. Du entdeckst, daß du Muskeln hast, und dein Gehör ist klar, präzis, herb; du möchtest dich vergewissern, ob irgendein Geräusch eines sich bewegenden Körpers da ist, und wahrscheinlich hast du vergessen, daß du nicht weißt, ob das Jaulen von einem riesigen oder einem winzigen Körper oder von einem Gespenst stammt. Daß er, der Jaulende, weder Geruch noch Bewegungsgeräusch erzeugt, läßt auch wirklich daran denken: an ein Gespenst, ein Schattending, das auch dir Schatten sein könnte; und auch dies mag dich interessieren: die Hypothese, daß es dein eigener Schatten sei, der da jault, und folglich auch dein eigener Schatten, der gluckert; doch du wendest ein, daß es in der tiefen Nacht deiner Rast keine Schatten gibt, man könnte aber auch annehmen, daß Nachtgrade existieren, denen sich höhere Nachtgrade entgegenstellen, und daß einer Dunkelheit eine noch tiefere Dunkelheit folgen kann, die aus der ersten Dunkelheit eine Art Sonne macht. Doch das, was dir abrät, in deinem Schatten den Mund zu suchen, der gegluckert hat und jetzt jault, ist glaube ich die Entfernung. In der Tat ist die Stimme vermutlich fern, aber nicht so sehr, daß man sie nicht in manchen Fällen auch als nah bezeichnen könnte; und wenn der Wind sie treibt, kann diese Stimme dir außergewöhnlich nah sein, aber immer ist das Jaulen frei von jeglichem Geruch. Und jedenfalls würde es in der Nacht schwierig sein zu sagen, wo der Schatten sich aufhält, auch wenn man annimmt, daß dein Schatten seiner tieferen Schwärze halber Schatten ist; aber vielleicht gelten im Dorf auch Regeln, daß der Schatten nicht notwendig einen Körper begleiten muß, sofern du überhaupt einen Körper hast, der ihn erzeugt. Jedenfalls hat dir die Stimme des Hungers eine seltsam unheilvolle Kraft verliehen, und du hast dir, wenn auch nur für einen Augenblick, den Mund des Jaulens klar und deutlich als Speise angeboten; und darum ist es wahrscheinlich, daß das Gejaul auch ein Zeichen von Haß und Groll ist, zumal man abstrakt einen Kampf gezeichnet hat, in dem wie es scheint zwei Schlingende, zwei Heißhungrige und zwei Speisen sich begegnen und miteinander streiten. Die Nacht ist von den Zähnen zerfetzt, und du fragst dich, welche Zähne deine Gegenüber sind und welche deine Gefährten oder Genossen. Du wirst nun bemerken, daß das Jaulen, das wir als heißhungrig bezeichnet haben, in Wirklichkeit einsam ist – von keinerlei anderem Klang begleitet – und es ist nicht unmöglich daraus zu schließen, daß es im Dorf nur euch beide gibt, die zwei Heißhungrigen – den schweigenden und den jaulenden; aber wonach hat der Jaulende dann Hunger? Wenn das Dorf nichts anderes beherbergt als verlassene Häuser, zerbröckelnde Mauern, herunterhängende Türen und wackelige Stufen – wonach kann der Jaulende dann Hunger haben? Wonach, wenn nicht nach dir? Aber vielleicht soll das auch heißen, daß der Jaulende sich deiner Gegenwart bewußt ist, oder daß er dem schieren Hunger unterliegt, ohne die mindeste Kenntnis von Nahrung. Und du – du hast dich zwar als heißhungrig erkannt, aber Hand aufs Herz: hast du eine Ahnung von Nahrung? Oder kennst du in Wahrheit nur das ungesunde Nagen des

Hungers und damit auch den Haß, bist aber in deinen Phantasmen gezwungen, nicht zu wissen, daß der Hunger davon träumt, in einer Nahrung zu vergehen? Das also geschieht gerade – daß es in diesem Dorf zwei Heißhungrige gibt aber keine Kenntnis von Nahrung und deshalb auch eine gewisse Art von Unordnung, weil niemand sich sättigen wird, obwohl feststeht – zumal dieser Hunger nicht nach Nahrung verlangt – daß es niemals geschehen wird, daß einer oder der andere an Aushungerung stirbt. Du wirst dich nun fragen, ob das, was jault, dasselbe Ding ist, das du stöhnend kanntest. Ob du einer stimmlichen Biographie beiwohnst und ob der Übergang des Dings zum Sein sich in der Entdeckung des wahren Hungers vollzieht, wobei mit wahr gemeint ist, daß gerade im Hunger und nicht in etwas anderem das Sein sich als endgültig existierend erfährt, auch wenn dies die langsame Erkenntnis der Gesten nicht einschließt, die das Existierende definieren. Sagen wir, die Erkenntnis des Hungers ist eine Art von Vision, und ebenso wie jene nicht einschließt, daß dieser Hunger gestillt wird, ist auch die Vision permanent, dauerhaft und absolut, und offenbart durch den Hunger, wie zuvor durch das Stöhnen, das stimmliche Zeichen der Existenz. Und jetzt höre: dieselbe modulierende Kehle moduliert noch immer das Signal des Hungers: diese Stimme oder Gurgel – probiert sie denn nicht einen ähnlichen wenn auch nicht identischen Klang, einen Schall, der auf seltsam hartnäckige Weise in deine Gedärme eindringt – gierig, möchte ich sagen, und dennoch klüger, listiger, raffinierter und lasterhafter als die einfache, grobschlächtige Botschaft des Hungers? Aber ist sie, diese Stimme, dieselbe Stimme, oder ist sie eine andere, die die Modulationen des Stöhnens und Jaulens nie gekannt hat? Denn es besteht kein Zweifel, diese speichelgetränkte Stimme ist außergewöhnlich flüssig, sanft und süß. Sagte ich süß? Sicherlich gibt es im geistigen Wortschatz, mit dem ich umgehe, treffendere Worte als dieses, um eine Stimme zu beschreiben, die nicht mehr heißhungrig ist, wenngleich sie viel von der heimlichen Gier des Hungers bewahrt. Welchen Namen geben wir diesem Klang? War da nicht ein Anflug von Gesang? Aber kann aus dem Jaulen des Hungers Gesang erwachsen? Es ist etwas Rauhes, Leierndes, Tiefes, Düsteres, Schweres, dem Körper Innerliches, das es artikuliert, so als würde der gesamte Körper irgendeines lebendigen Wesens phonisches Instrument, Stimmkanal, Schwingungsverlauf, der dir die Glieder zerreißt; nennen wir es also Gesang? Wir haben gesagt, daß man einen Anflug von Gesang hört; aber deine Füße beunruhigt ein Zittern, das aus dem Boden kommt; und da ist folgendes möglich: daß diese Klänge, diese Stimmen irgendwie um den Klang geballt sind, so daß etwas vom Innern des Fundaments ausgeht, vom Kern, der das Gemäuer zusammenhält, wo du rastest. Aber vielleicht schildern wir auch dieses: wie an einem Punkt der Boden zum Tier wird und von diesem Tier ein heiseres Kreischen ausgeht, das sich nach und nach auf Boden und Grund überträgt und von dort aus wieder zu deinen Füßen aufsteigt. Eine heisere Instabilität durchzieht deinen Körper, und die Stimme, der du mit deinen Füßen lauschst, schlingt sich dir um die Fessel. Du weißt nun nicht, und niemand kann es wissen, ob diese Stimme, die aus der Erde aufsteigt und die von irgendeinem mit dem Boden verbundenen oder aus erdhaftem

Stoff gemachten Tier stammen könnte – du weißt nicht, ob dieses Tier in einer Weise an den Boden gebunden ist, daß es sich nicht bewegen kann, oder ob es sich frei bewegen und herumspazieren kann, denn seine Beziehung zum Boden ist gänzlich den wie auch immer gearteten Adern seiner Füße anvertraut, die sich mit den Adern des Bodens verbinden; und deshalb ist das, was du augenblicklich erlebst, ein Dialog, der zwischen Fuß und Fuß verläuft. Aber vielleicht schwebt das Tier auch kaum aufgestützt über dem Boden; vielleicht ist es ein kaum gelandeter Vogel, der sich aber, obwohl er es könnte, in keiner Weise von dem Stück Boden trennen möchte, das ihm vertraut ist, und der darum frei ist aber gefesselt; und vermutlich könnte er, aber es ist keineswegs sicher, daß er es möchte, sich von dem Ort wegbewegen, an dem er gerade rastet; und deshalb hast du Angst und hast keine Angst, bist von der Erkenntnis des Vogels verlockt und fürchtest zugleich seine wilde Beweglichkeit; aber obwohl der Klang, der von den Füßen aufsteigt, dich beunruhigt, hast du nicht genug Mut, ihn zu verweigern und deinen Körper dieser stimmlichen Erregung zu entziehen. Doch jetzt hat jenes Tier bestimmt tiefer geatmet, und die Schwingungen seines Atems wühlen sich durch die Gänge des Bodens, um zu deinen Fleischgängen vorzudringen und ihnen eine lärmende und abstrakte Melodie einzublasen – einen warmen, einschmeichelnden, beunruhigenden Klang. Stell dir nun vor, daß das, was wir als Tier bezeichnet haben, ein riesiges Körperinstrument sei, aber reglos, des eigenen Körpers schwer, unkundig des Ortes, an dem es verharrt; stell dir auch vor, daß das Besagte ganz und gar ein Gewebe aus durchlüfteten Innereien sei

– Lungen, Blasen, Höhlen und weich bebend klingende Därme – und daß es kein anderes Leben, keine andere Seele besitzt als diese des Klingens, Schwingens, Schallens, Widerhallens, Dröhnens und feierlichen Singens, auch wenn es keinen Mund hat, wohl aber Ritzen, die scharfe und feine melodische Atemstöße ausstoßen. Aber was ist es nur, dieses Singen mit dem gesamten Körper, dieses Melodieren der Glieder? Ich weiß, daß du es ahnst und daß dieser Schall dich teils bedroht, teils verführt, teils erschreckt. Aber du weißt, daß die Seele nichts von dir weiß, außer daß etwas existiert, das sie notgedrungen als Empfänger ihres Schalls betrachten muß. Wenn der Klang weich und sanft wird, umschlingt er dich langsam und bebend; und du wirst ruhig, gibst dich hin, überläßt dich den freundschaftlichen Nachstellungen des Klangs, und während du dich noch sträubst, weist du ihn nicht zurück, kannst ihn nicht zurückweisen, auf keine Art. Fürchtest du etwa, diese Musik könnte dich verschlingen? Daß du es fürchtest, ist wohl nicht unvernünftig, aber auch nicht unvermeidlich, und selbst wenn diese Körpermusik dir bedrohlich erscheint und es tatsächlich ist, stellt sie doch immerhin eine Alternative zur Stille dar, und du würdest nicht wagen, auf diese Bedrohung zu verzichten, die dir ein Trugbild der Existenz offeriert. Ach könntest du nur reden mit diesem Tier! Aber mit diesem blinden und finsteren Vieh, diesem unwissenden und dunklen, womöglich wahnsinnigen Ding gibt es kein Gespräch, nur dieses Hinhorchen auf das Gedröhn, das deine Glieder umleckt, das in dir wühlt, auf daß auch die Eingeweide, die Innereien in dir lauschen – die hitzige Leber, die zaghafte Milz, die lastende Pankreas – und das lauwarme Zwerchfell zitternd vibriert. Der Zungen hunderte fingiert die besagte Bestie, die keine Öffnungen besitzt, und die Zunge ist eine Fiktion ihrer Nerven; doch sie vibriert, diese Nervenfiktion, und deine Nerven horchen, weichen aus und wehren ab und wagen doch nicht, sich zu retten – ist das das Wort? – sich zu retten vor der schneidenden Ironie des Klangs. Nein, nicht Ironie: eine Reminiszenz des Lamentos, eine Hoffnung auf Gefangennahme, eine Angst, kein Hören mehr zu erreichen; und wenn du in jenem Vibrieren des Tierinstruments ein vielleicht kindliches Entsetzen spürst, dann mußt du dich fragen, ob es nicht ratsam wäre, es dir nicht möglich wäre, du nicht wünschtest, nicht begierig wärest, kein Verlangen verspürst, nicht in Versuchung gerätst, dich nicht überlistest, dich nicht bestichst, nicht verlockst, nicht verführst, nicht korrumpierst, nicht pervertierst irgendeine Vereinigung zu erstreben, und ob du nicht laufen, rennen, überqueren, passieren, durchwaten, ankommen, irren, dich in Verwirrung verlieren, suchen, erkunden, probieren, berühren, verhören, betören oder schließlich nur dem, was da dröhnt, die Sicherheit geben solltest, daß du und nur du allein ihm zuhörst, und daß jenes Dröhnen das Volk deiner Eingeweide alteriert, manipuliert, ramponiert und terrorisiert. Und in der Tat: jetzt, da das bedrohliche Dröhnen, das aus dem Boden aufsteigt, wohin es ganz zweifellos durch das Vibrieren eines unbekannten aber sicherlich äußerst einfallsreichen Körpers gelangt ist – jetzt, da das langsame und leise Grollen deine Knie erzittern läßt, kannst du dich von diesem Klang nicht mehr lösen, außer du löst dich von dir selbst, und obwohl dich ein harscher Horror, ein Terror beschlichen hat, kannst du jetzt nicht mehr weghören, dort wo dein ganzer Körper mittlerweile zuhört. Ich möchte dir nun raten, nicht zu versäumen, in dem großen aber wahrlich nicht unerträglichen Dröhnen ein Gemisch aus tiefem und hohem Musizieren zu unterscheiden, mal anspielend auf eine ebenso finstere wie innige Hingabe, mal ängstlich, inbrünstig, bestürzt und rasch, so daß du, wenn du gut zuhörst, unweigerlich eine Bewegung der Ergebung und der Übergabe und eine des Verfolgens und Flehens erkennst. Doch eines bei soviel fingierter Bewegung scheint seltsam: daß ihr, du und der andere, wer immer ihr sein mögt – denn gemäß den Konventionen des Ortes bist du nicht weniger unbekannt als er – in einer merkwürdigen klanglichen Phantasie befangen seid, einer Phantasie des Rennens, Euch-Verfolgens, euch Fassens, Euch-Verlierens, Euch-Wiederfindens, Euch-Berührens, Euch-Ignorierens, Weit-voneinander-Entferntseins, Mehr-als-nah-Beieinanderseins – gegenseitig durchdrungen; und doch gibt es in all diesen atemlosen Fluchten, diesen fieberhaften Wiederfindungen und beengenden Verirrungen keine andere Bewegung als dieses Bersten von Klängen und diese Hinwendung des Ohrs zum Klang; und du wirst auch nicht erfahren, ob die Bestie auf eine Art existiert, daß sie dir gestattet, sie zu kennen und mit ihr zu verkehren; und auch nicht, ob die stimmliche Bestie jemanden hat, der ihr zuhört, und ob sie sich einen solchen Zuhörer tatsächlich wünscht; und auch sie kann nicht erfahren, ob du wünschst, daß ihr Klingen dir und niemand anderem gehöre. Und jetzt horch: der Klang wird plötzlich unerträglich schrill und hat einen feinen, eindringlichen, anonymen Rhythmus; und das Kreischen wächst bis zu dem Punkt, wo es deine Scham erreicht und dich umstößt und in dein Inneres stürzen läßt; aber die Schärfe des Klangs ist gleichzeitig gemessene Tiefe, und jetzt, jetzt erst kannst du erkennen, wenn du gut achtgibst, daß der scharfe Klang gar nicht gesprochen ist, sondern geatmet. Du hörst jetzt etwas, das man weder als Atem noch als Klang oder Stimme bezeichnen kann, aber sicherlich als Hauch und Vokal und Gebrumm, und das sich zu deinem Mund hin ausstreckt und von innen her zu Augen, Kopf und Zunge aufsteigt; und jetzt mußt du es wissen, mußt dich entscheiden, ob dein Schicksal, deine Freiheit, deine Mission die Freiheit der Flucht ist, ob du vor deinen eigenen Gliedern in die Verbannung gehen mußt, ob du deine Knochen in ein Säckchen pakken und dich auf die Reise begeben mußt, ob du dich verstecken mußt, ob du dir selbst Höhlengang werden mußt, ob du dich geheimhalten mußt. Aber könntest du denn, auch wenn du es wolltest, überhaupt fliehen? Auch wenn das Exil dein Schicksal wäre – von woher schicktest du dich ins Exil wenn nicht von einem Exil? Gibt es eine Flucht vor dem Schrecken, die nicht wieder zum Schrecken führt, vor der Gefangennahme, die keine neue Gefangennahme bewirkt? Und bist du nicht durch eine Komplizenschaft von Entschluß und Grauen und aus Müdigkeit und Berufung unbeweglich, zumal diese Untersuchung, welche die Klänge an dir durchführen, immerhin der Erforschung von etwas dient, das du nicht kennst, nicht zu kennen aber nicht duldest? Du unterscheidest nicht zwischen Schrekken und Entzücken, Ergötzen und Entsetzen, Verlust und Wiederfindung der Bedeutung; und all das wegen dieses heimlichen Eindringens eines aus hohen und tiefen Tönen gemischten Klangs, den ein ahnungsloses Tier gerade mit seinem altklugen und nachdenklichen

Körperorchester probiert; eines Klangs, dem du nur mit deinem gesamten Körper lauschen kannst, diesem erschütterten und ekstatischen Publikum der Glieder, das weint, lacht, zittert, bebt, seufzt – oh, wie es seufzt! – denkt, schweigt, schluchzt, und auch bebend noch fürchtet, jenes Klingen könnte vergehen, und das nichts so sehr verabscheut wie den Frieden der Stille und die Sicherheit der Pause. Noch immer, nicht wahr, noch immer beschwört es, dein Blut-, Nerven- und Knochenpublikum, die Wiederkehr des Grauens jenes hereinströmenden Klangs, der den Körper erfüllt und ihn fesselt und unterjocht; und obwohl du ein einziges Zittern bist, liegt ein schamloser Übermut in deiner fiebernden Hingabe an die Zuckungen dessen, was in dir lauscht und sich lauschend wieder und wieder unbeholfen die feierliche Melodie vorsingt, die das Tier jemandem gewidmet hat, doch du weißt nicht wem, und von der du dir starr vor Entsetzen wünschst, sie sei dir und nur dir geweiht. Aber du hast Angst, und das ist vernünftig, auch wenn du nicht weißt, ob du dich vor der Stille fürchtest oder vor dem Hereinströmen jener Stimme. Und die Stimme gönnt sich keine Ruhe, pendelt unablässig zwischen Raunen und Schmettern hin und her, durchwatet Pfiffe und Klingeltöne, macht auch zuweilen selbst etwas unerheblichen Lärm oder bäumt sich auf im Getöse und beruhigt sich beim Spiel einer Schalmei. Aber wenn nun das Raunen zu ihren nicht bedrohlichen, nicht finsteren Momenten zählt, packt dich da nicht eine Ungeduld, wie bei etwas, das etwas Sanftes aber auch Eintöniges hat? Beklagst du da nicht mit ruhigem Sanftmut die Iterationen des Gebrumms? Doch wie es so geht, das Raunen verstummt, und sie ist auch schon da, ich meine die Stimme, und fängt an zu pfeifen, und man kann es nicht leugnen, es liegt etwas Herausforderndes in diesem Gepfeif, aber gewiß nicht bitter und unerträglich, sondern auf seine Weise infantil und kleinlich, jedoch nicht ohne eine gewisse zwiesprachliche Zärtlichkeit, so daß du nicht selten merken kannst, wenn du gut zuhörst, wie das Pfeifen in ein hauchfeines Netz von Klingeltönen zerstiebt, in dem du das Stöhnen nur schlecht vom Jammern und dieses vom Schelten und dieses vom kraftlosen Flehen um Gnade und dieses endlich von der Ergebung unterscheidest – verwandelt in Frage – zunächst noch zögernd – in inständiges Bitten – unter Verzicht auf jede Täuschung – in Beschwörung, in unterwürfige Feigheit, entwaffnete Gnade. Aber gib gut acht, daß das Raunen, vielleicht schon von Pfiffen durchsetzt, nicht in ein Getöse mündet; doch fürchte dich nicht, denn es stellt sich dann heraus, daß es mehr töricht ist als bedrohlich, und wie soll ich es noch verschweigen, jetzt wo dieses Wort mir in den Sinn gekommen ist, daß in alledem immer und überall etwas Törichtes ist. Aber ganz besonders im Getöse. Und wenn dann, teils ausweichend, teils in das Getöse einstimmend, jenes Musizieren der Bestie einen prächtigen Radau erzeugt, dann wird es dir lieb sein zu wissen, ob solcher Radau dir eine Art und Weise deucht, dir Ehre zu bezeugen, oder ob es nur ein übellauniges, unverschämtes und finsteres Protestieren ist – eine Unhöflichkeit, die du indes hinnimmst, wenn du in dem Radau, was seltsam aber nicht selten erscheint, ein Andauern des Raunens wahrnimmst; denn es wird einfacher sein zu bemerken, daß alles in diesem tierischen Tönen auf ein innerliches Raunen deutet, auch das Gebrumm, auch das finsterste und grimmigste Grollen, schließlich auch das nicht unrühmliche Schmettern, worin Hell und Dunkel sich freudig vermählen, und die Aufregung der Gefangennahme mit der Aufregung der Flucht und endlich die Ergebung und mit dieser der höchste Punkt, der Gipfel eines Vergnügens, von dem aus es unmöglich und nicht ratsam wäre, der Bestürzung und dem Entsetzen zu entfliehen, und schließlich einer Wiederfindung, die in ihre Umwege auch die Verirrung einzuschließen scheint – ein Erreichen, das du nicht vom Sein unterscheidest, in jenem Augenblick und in so weiter Entfernung, daß keine Hoffnung auf ein Ankommen besteht; du also bist der Empfänger des Schmetterns. Was aber gibt es jenseits des Schmetterns? Soviel ich weiß nichts. Ich glaube nicht einmal, daß man sich irgendetwas jenseits des Schmetterns erhoffen kann, denn das Schmettern stellt sich ja gerade solchermaßen dar: als eine Grenze, die man öfter berührt, aber nie überschreitet, stets mit der unnütz gehegten Hoffnung, daß man vielleicht irgendwann einmal in irgendeiner Klanggestalt jenseits dieser Grenze weitergehen kann. So aber schwankst du, König der Müdigkeit, auch weiterhin zwischen Raunen und Schmettern hin und her – unentwegt. Bis du eines Tages im Geschmetter den Sprung des Verfalls entdeckst. Oder entdeckst du ihn im Raunen? Denn gewiß: während die Leistungen des Schmetterns sporadisch sein können, ist das Raunen konstant; und nun lausche dem Raunen, aber nicht mit dem Ohr, sondern mit der Scham, und beachte seine Ungenauigkeiten; da ist zunächst der Rhythmus, dieses unaufhörliche Fließen, das jetzt in Stücke zerfällt; bemerke die Lücken, einen Augenblick der Pause, ich möchte nicht sagen Stille, vom hastigen Herbeieilen eines Hilfsgeraunes verdeckt. Höre die blitzartigen Kiekser, die Patzer und Puster, die unerlaubten Auslassungen, endlich den unleugbaren Verfall. Kraftlose Klänge folgen krächzenden Stimmen, da ist eine Spur von Gemurmel, ein mehr erschöpfter als unheilvoller Klang; schließlich verschwindet sogar das Raunen, und wir befinden uns in einem Gewirr von Klängen, die erschrocken durcheinanderlaufen; man spürt einen Hauch von Trivialität und Trübsinn und kapriziöser Enge; kurzum, die Sache des Klangs ist voll mit zweideutiger Traurigkeit; zweideutig, sage ich, denn es scheint mir unleugbar, daß dieser Verfall etwas Schändliches, Ärmliches und Ungebührliches hat, und ich würde mich nicht wundern, im Herzen dieses aufgelösten Raunens plötzlich ein schrilles Schmettern zu vernehmen. Wie dem auch sei. Ich merke indes, daß du irgendein zögerndes Problem hegst und auch notwendig hegen mußt: denn gerade diese Frage ist nicht zu klären: ob das Tier, das jetzt verfällt, dasselbe Tier ist, das mit Tosen und Grollen in dich eindrang. Denn wenn es dasselbe wäre, dann würde das bedeuten, daß das Tier – wir gebrauchen dieses Wort, weil über ein anderes keine Gewißheit besteht – aber auch dieses ist ganz ungewiß – daß das Tier über Zeiten verfügt, die einen Höhepunkt und einen Verfall einschließen. Wäre das sicher, dann lebtest du an einem Ort, wo es nicht nur Präsenzen gäbe, die über Stimmen verfügen, wenn auch höchstwahrscheinlich über nichts sonst, sondern wo diese Präsenzen auch Zeiten hätten, die wir als solche der Geburt, der Jugend, der Reife und des Verfalls bezeichnen müßten. Doch in diesem Fall entstünde ein neues Problem: im Dunkel deiner Rast hast du in der Tat nicht die Möglichkeit, den zeitlichen Dingen ein Maß zu geben; du weißt auch nicht, wieviel Zeit, wenn sie meßbar ist, schon verstrichen ist, und in welcher Zeit das Tier vergangen sein könnte von seiner Geburt bis zu seinem Verfall. Doch nicht nur das: Könnte es nicht auch sein, daß das Tier in einem solchen Fall zu einer gewissen Form von Selbstbewußtsein gezwungen wäre, oder anders gesagt: eingeschlossen in ein kleinliches und trostlos genaues autobiographisches Futteral? Das alles erscheint schwierig, aber nicht unmöglich. Was indes seltsam unstimmig erscheint, ist, daß solche Entfaltung der Töne in Wirklichkeit immer und ausnahmslos nur einen einzigen Empfänger haben soll, und obwohl dieser – und damit meine ich dich – dem stimmlichen Tier ganz gewiß nicht bekannt ist, ist es doch sicher, daß er der hypothetische Hörer ist, der sich in jedwede Stimme kauert, die spricht. Aber in Wahrheit hast du gar nicht teilgenommen, außer als töricht betörter Gebannter in solchem Märchenwald der Töne. Oder irre ich mich? Bestimmt irre ich mich. Ich begreife indes nicht, wie ich mich so sehr täuschen konnte, obwohl ich nicht sehe, wie es einen Ausweg geben kann aus dieser Situation. Gewiß, du warst der Hörer, doch was hättest gerade du, der du erschöpft im Zentrum des Dunkels kauerst, anderes sein wollen? Du bist passiv; das ist indes keine unangemessene Haltung; denn wenn ich mich nicht irre, bist du das Bewußtsein des Klangs, und ohne dein Wissen um sie fielen die Klänge einer Desorientierung anheim, derer sie sich nicht bewußt wären. Du also garantierst dem Klang, daß er ein Klang ist, obwohl er gar nicht weiß, daß er eine solche Bestätigung braucht und auch wirklich bekommt. Soll ich sagen, du seist die dem Klang gewährte Gnade? Ich sage es. Aber das macht, daß du, der Hörer, zum Klang selbst gar keine Beziehung hast, außer wie gesagt als sein Bürge. Es ist also nicht wichtig zu wissen, wenigtens jetzt nicht, ob das zerfallende Tier dasselbe ist wie das schmetternde Tier, oder besser: da du Bürge der Stimmen und damit auch der Stimmlichkeit und des stimmlichen Tiers bist, muß ich dir sagen, daß du es bist, der verhindert, daß eine Kontinuität besteht nicht nur zwischen Geschmetter und Verfall, sondern auch zwischen Geschmetter und Geraune; wir befinden uns also wieder am gleichen Punkt: daß es nutzlos und gänzlich metaphysisch erscheint, ein stimmliches Tier zu vermuten, während letztlich nur eines gewiß ist – und das bestätigst auch du – nämlich der Klang selbst, der ja in Wahrheit, rein philosophisch gesehen, weder Körper noch Stimmorgane, weder Leben noch Atem braucht, da er, der Klang, in jedem Fall, in jeder Form und in jedem Augenblick eine Art Schwingung an sich ist, eine Variante eines Urklangs. Also scheint es für die genaue und wie gesagt verbürgte Beschreibung des Geschehens korrekt, ein so weit wie möglich unzusammenhängendes Bild vorzuschlagen und anzunehmen, daß, wenn es ein Schmettertier und vielleicht eine weitere, aber keineswegs identische Anhäufung von Geraune gegeben hat, wir jetzt sicherlich ein Verfallstier vor uns haben, immer vorausgesetzt, daß es logisch nicht nötig, ja sogar irreführend ist, von einem Tier zu sprechen, zumal es scheint, daß die Stimmen nur durch sich selbst motiviert sind. Du wirst also jetzt die Stimme des Verfalls hören und sie – frei von jeglicher Erinnerung an vorausgegangenes Geschmetter – in ihrer senilen Zersetzung genießen – einer kategorialen Senilität natürlich, die auf keinerlei Jugend anspielt. Du hörst ihn, wie er knirscht und zerbricht und zerfällt, und verstümmelt sein relikthaftes Reptil hinter sich herzieht – dieser verfallene und erloschene Klang, dessen Ungenauigkeiten genaue Anspielungen auf den Liebreiz der Dekadenz sind, so daß die Erschöpfung zu einer nicht gewöhnlichen Form von Genauigkeit, Elastizität und Festigkeit gerät, mit einem Wort von Stil. In Wirklichkeit schenkt diese schlampige Klage dir jetzt Sicherheit, und du reinigst im Geiste deine Scham von der klanglichen Gefangenschaft, aus der du dich erfinderisch befreit hast. Das brauchtest du, nicht wahr? Diesen Freiraum für Alter und Irrtum, diese Ablenkung, die sich anbietet, sobald die Stimme nicht mehr wagt, ihren Drang nach Kontakten, ihre Zuständigkeit für schicksalsschwangeres Geflüster und ihren Anspruch auf Teilnahme an erquickenden Rasten geltend zu machen. Hätte die Stimme ein Gedächtnis, dann wäre sie jetzt die Stimme der Erinnerung, und obwohl sie absolut keine Spuren einer Vergangenheit aufweist, obwohl dieser Stimme nie etwas geschah, bevor sich ihr unermeßliches Alter enthüllte, ist sie durch eine armselige und billige Weisheit zermürbt; sie brabbelt, als hätte sie Enkel zu hüten, sie mümmelt etwas, das anderswo die Gebete einer betrübten Stimme wären, sie ist gehässig gegenüber dem finsteren Liebreiz der Jugend, von der sie im übrigen nichts weiß und nicht einmal ahnt, daß es etwas zu wissen gibt; wehmütig scheint sie um das zu werben, was sich der Faszination ihres Verzehrs als unverringerbar entzieht. Wenn deine stimmliche Bürgschaft auch weiterhin wirkt, dann kannst du aufhören, dem Zittern der Greisenstimme zuzuhören, und in Bewunderung vor der Stimme des Schreckens verharren. Es gibt keinen Zweifel, die Stimme, die du jetzt erforschst und die dir ein zerstückeltes Entsetzen vermittelt, diese Stimme ist von der Laszivität der Auflösung beherrscht – diesmal nicht altersbedingt, sondern vom Nichtsein bestimmt. Eine ausgediente Metapher gebrauchend möchte ich sagen: das Sein wird aufgefordert, sich wieder als Ding zu entdecken, rückwärts zu gehen, auch wenn es sich nie um ein wirkliches Vorwärtsgehen gehandelt hat, und in einem tonlosen Zustand Frieden zu finden. Und wirklich, hör es dir an – aber nicht zittern! –: Dieses Gurgeln. Dieses Röcheln. Dieses sinnlose Stöhnen. Dieses Ringen nach Luft. Diesen langen Atem. Dieses Seufzen ohne Empfänger. Dieses Flehen im Bruchteil eines Schluchzers. Diesen lächerlichen Versuch eines Schreis. Dieses Räuspern einer unwegsam trockenen Kehle, die auf immer des Wassers enträt. Dieses Schnaufen eines inexistenten und dennoch zermürbten Körpers. Nicht zittern! Höre: erkennst du in diesen Signalen der Agonie nicht das Tropfen des Wassers, das Zucken der windgeschüttelten Tür, das Zerbröckeln des Ziegels und schließlich das Rauschen dessen, was wir uns geeinigt hatten, Fluß zu nennen? Nein, ein Fluß ist es nicht, aber bestimmt hat es mit Wasser und Fließen und Waten zu tun. Jetzt hat, wie du merken wirst, die Zersetzung den Platz des Verfalls eingenommen, und in diesem Augenblick tritt die Stille ein. Deine Glieder ruhen sich aus und beruhigen sich, und du lehnst deine Müdigkeit an eine Mauer, die du nunmehr als unecht beargwöhnst, und bemühst dich zu glauben, daß es vor dieser Stille nie etwas anderes gegeben hat – keinen Hunger, kein Schmettern und kein Raunen, und auch kein jammervolles Bestürztsein einer alten aber nicht gealterten Stimme. Die Unsicherheit deiner Lage hat sich durch das Fortschreiten der Zeit nicht gebessert, und die Ereignisse haben dich mehr verletzt als getröstet. Das Skandieren der Stimmen hat dich bedroht, nicht wahr? – und dir vor allem eine Komplizenschaft vorgeschlagen, der du zwar höflich widerstanden hast, die dich aber zweifellos ermüdet hat, nicht wahr? Ich glaube, das ist wahr. Absolut. Du wirst jetzt gleichzeitig geboren, verschlungen, durchdrungen, zerrüttet und vernichtet. Welche Beziehung pflegst du zum Nichts? Spitz deine Ohren, ob du nicht zufällig das Geräusch eines fallenden Tropfen hörst; du suchst die Brüderlichkeit einer Stimme, die du im Zusammenzucken einer Tür gern hören würdest; denn eine Tür spricht vom Zuhause, und deshalb versuchst du dir einzureden, daß dieser zuinnerst nächtliche Ort fähig sei, Häuser zu bergen, deren Türen auf diese eigentümliche Weise zusammenzucken, die dir, dem nunmehr Stimmengeplagten, als harmlose Unterhaltung erscheint. Aber deine Einsamkeit wirkt weiterhin abwechselnd als Schutz und Schrecken; du machst Würfel aus deinen Knochen und aus deinen Gebeinen machst du ungewöhnlich scharfe Dolche. Kurzum, deine Einsamkeit hat dich in die ideale Lage versetzt, um die Stimmen, sagen wir zu rezensieren und zugleich mit deiner Auskultation für sie zu garantieren; und man muß sich notgedrungen fragen, was wohl mit diesen Stimmen geschähe, wenn sie nicht von dir gehört würden. Oder gibt es irgendein anderes nächtliches Ohr für diese stöhnenden, schmachtenden, hereinflutenden, untergehenden und sich selbst vernichtenden Stimmen?

Oder haben die Stimmen vielleicht im Inneren unseres Klangs irgendein Organ, das geeignet ist, Klangindizien zu empfangen, weshalb das Wimmern der Geburt auf seine Weise dem Röcheln der Vernichtung lauscht oder das Nichts über die Lieblichkeit des Raunens meditiert, wie es anschwillt in seiner Gier nach Geschrei? Aber sicher bist du – jetzt, in diesem Augenblick, den wir Pause genannt haben – dazu befähigt, ein Klangsystem zu errichten. Ich sagte Pause, aber wäre es nicht besser »das Nichts« vorzuschlagen? Im Augenblick des Nichts sind die Klänge – alle erinnert, nichts weiter als erinnert – klassifizierbar wie mit wissenschaftlicher Sorgfalt getötete Insekten. Aber das Klangsystem kann nicht umhin zu offenbaren, daß von den Klängen letztlich weder Sinn noch Sitz noch Ursprung noch Bestimmung bekannt sind; und dennoch sind es Klänge, und sie haben eine Präsenz, die wir mit anspruchsvoll philosophischer, quasi interpretativer Legende definieren könnten. Ich möchte diesen Nichtsmoment benützen, um zu bemerken, daß in Wirklichkeit keiner von uns, weder du noch wir, über den Ort deiner Rast sehr viel wissen – wenn von einer Rast überhaupt die Rede sein kann; ein Dorf, eine Nacht, ein Fluß, eine Brücke, aber das alles könnte auch ein Miniaturmodell eines Dorfs, einer Nacht, eines Flusses und einer Brücke von unerhörtem Ausmaß sein, oder vielleicht das Dorf, die Nacht, der Fluß, die Brücke, eingeschlossen in ein endgültiges System, ein Universum, das rein zufällig aber nicht sinnlos diese Dorf-Nacht-Fluß-Brückeform besitzt. Aber gehören in einem solchen Fall die von dir wahrgenommenen Klanglichkeiten zu dem miniaturisierten System – eingeschlossen in ein weiteres System oder so von ihm gefiltert, daß es bis zu dir herabkommen kann? Eine nicht unsinnige Frage, denn es erscheint klar, daß wenn die Stimmen aus einem System kämen, das deines mit einschlösse und somit fähig wäre, ihm einen Sinn zu geben – daß dann auch diese Stimmen, die wir als körperlos oder jedenfalls nicht aus tierischer Lautbildung hervorgegangen gemutmaßt haben – diese stimmlichen Stimmen, die einem weiteren Universum entstammen – womöglich bedeutungsvoll wären, und das System, das du umreißen kannst, könnte eine fleißige Klassifikationsübung sein, nicht mehr als das, was ja auch richtig ist, denn es kann ja nicht sein, daß ein hyperuranisches Geschrei sinnvoll zu dir herabkommt und du als Hypouranier in der Lage bist, seine Grammatik aufzuschreiben. Doch das alles ist nur müßiges Gerede, und es steht jedenfalls fest, daß dein Zuhören genau das Zuhören ist, was diesen Klängen zusteht, ganz gleich woher sie kommen und wofür sie geplant sind; und was ihr Sinn-Haben angeht, so könnte es auch nichts weiter als eine didaktische Manie von uns sein, der deine allgemeine Angst, unfähig zu sein, derart fachgerechte und vermutlich gänzlich bedeutungslose Botschaften zu überleben, nicht fremd ist. Ich merke, daß deinen Körper jetzt ein rascher aber klarer Schauder durchzuckt, der anzuzeigen scheint, was unvermeidlich war: daß du die Gegenwart anderer, neuer Klänge wahrgenommen hast. Ich wollte, du würdest dich nicht von einem übereilten Staunen ergreifen lassen und zur Kenntnis nehmen, daß während man von den Klängen, die du bis jetzt gehört hast, annehmen konnte, sie wären von ich weiß nicht auf welche Art irgendwo angesiedelten und wie wir beschlossen hatten bewegungsunfähigen, nur zur Stimme tauglichen Tieren erzeugt, die Stimme, die du jetzt hörst, auch aus dem hohlen Bauch der Nacht kommen könnte, den du dir spielerisch als eine Art mystische Bucht ausmalst, als ein Orchester oder eine Bühne, geeignet für die Anmut dieses Klangs, der wie von Holz herkommend vogelgleich im konkaven Raum zu schweben scheint, zwischen dir, dem Häusler, und dem Himmel. Ich werde dir das, was du jetzt hörst, nicht in allen Einzelheiten schildern und teilnehmen am Staunen deines Hörens und an deiner Ergebenheit, die, wenngleich mit Angst vermischt, eine Art keuscher Dankbarkeit birgt. Bewundere also, oh Quasi-Hirte im Land der idyllischen Schalmeien, die fließende und rasche Aerophonie, mal herb, dann wieder fett und pochend, dicht und plötzlich munter und rasch – etwas, das zuweilen sticht aber nicht durchdringt und zuweilen die Müdigkeit deines Körpers verziert. Ich möchte gern glauben, daß du dich endgültig dazu überreden kannst, Bauer auf einem winzigen, experimentellen, didaktischen Stück Land zu werden, und daß diese Klänge, wie aus geflügeltem Mund in hohles hallendes Holz geblasen, von etwas Freundschaftlichem und Unsichtbarem und Barmherzigem stammen und dir irgendeine dramatische Tröstung daraus erwächst. Nimmst du vielleicht an, daß es sich um unterschiedlich auf den Sternenrhythmus abgestimmte Singvögel handelt? Oder um klingende Schmetterlinge, die dir mit ihren Flügeln ein Konzert darbringen, um dich zu trösten ob deiner quälenden Befugnis, in diesem Dorfabschnitt schläfrig zu sein? Oder – wenn du ein wenig der Theologie frönen willst – könnte dies nicht auch die Erfindung eines musizierenden Engels sein, oder besser: eines pythagoreischen Sternbilds, eines Asteroiden oder Satelliten, liebevoll hingegeben an die Modulation einer zärtlichen Melodie? Und gewiß möchte dir diese bewegliche Klangbö eine streichelnde Leichtigkeit, ein freundschaftlicher Trost sein. Doch es gelingt dir auf keine Weise, dich den Anspielungen der Angst zu entziehen, zumal dir klar ist, daß du jetzt in keinem Fall mehr einen stimmlichen Mund vermuten kannst, obwohl etwas, das nicht existiert, den Wind über dir bewegt, und dieses modulierende Nichts macht dir Angst; und du versuchst nun – denn deine Schläue ist erfinderisch – diesem ganzen Nichts durch irgendeinen Quantitäts-Mechanismus eine eigene Konsistenz zu verleihen – ein solides Existieren, ein Hiersein – so daß letzten Endes gerade das Nichts – dieses Nichts, das du im übrigen nicht ohne Bestürzung als musizierendes erkennst – daß also gerade dieses Nichts, sage ich, dir als Lehrbeispiel dienen könnte für das Sein. Bemerke auch, daß dieses hohle hölzerne Blasen die Eigenschaft der Omnipräsenz besitzt, weshalb es, wo du auch seist, immer und einzig dort ist wo du bist; kurzum, es kennt weder Sehnsucht noch Heimweh; und das mag daher rühren, daß es von einem ubiquitären Gespenst hervorgebracht wird, oder eher, daß seine Präsenz geeignet ist, aus diesem deinem Aufenthalt einen winzigen Ort zu machen – von dir und jenem Klang, und vielleicht sollte ich auch noch sagen: von deiner staunenden Erinnerung an ein früheres Klängehören bewohnt. Du wirst das bemerken, denn der Klang, der jetzt folgt – der andere hat sich nicht entfernt, sondern hat nur schroff und jäh wie verängstigt geschwiegen – ist eben der Klang der Distanz. Und deine Aufgabe wird es nun sein, deinem Raum eine Dimension zu verleihen, ohne die es dir unmöglich wäre, ohne irgendeine Vermählung von Klängen zu leben. Wenn also das, was du jetzt hörst, der Klang der Distanz ist, dann hättest du den Raum, den du durchmessen kannst, zurückgewonnen und die Zeichen für Verlassenheit, Verfolgung und Flucht wiedergefunden. Die Distanz ist gläsern, glänzend, transparent; sie ist kalt, reglos und eisig: unberührbar; aber vor allem ist sie die einzige Perspektive, die das Verstecken, das Ausweichen, die Flucht und das Am-Boden-Kauern erlaubt, wenn der windgeblähte Herr des Klangs vorbeibraust. Jenen metallischen und hohlen Klang verfolgst und bedrängst du vergebens – jenen rastlosen aber vor allem gesichtslosen Klang – denn du ermißt und erblickst ihn nur von hinten, wie er sich wegschleicht, der Lufthengst, der melodische Aerolith; und rings um die illusionistische Kugelgestalt der Welt verfolgt dich derselbe gläserne Wind deiner Sehnsucht, aber hoch oben am Himmel und deshalb wieder gesichtslos, stolz und verbittert, exquisit moduliert, und auch er – das erscheint dir jetzt seltsam deutlich – von der Klarheit der Einsamkeit gequält; du also, Müdigkeitsklümpchen und -könig, bist Verfolger und Verfolgter, und über dir schwebt, der dir schmeichelt und ausweicht, jener tiefe Engel der Einsamkeit, den die Hoheitsgewalt des Himmels von seinem grandiosen Almosen nicht abbringt: den gläsernen Münzen, die die Distanz versprengt. Du sinnst sicherlich auf Flucht, denn dieser Klang verkündet eine aufmerksame, umsichtige, fieberhafte Verfolgung; und du ahnst nicht, daß die Gesten der Flucht sich in nichts von den Gesten der Verfolgung unterscheiden. Wenn du also nach dem Engel trachtest und dieser nach dir, dann ist es unmöglich zu sagen, und da hilft euch auch der Klang nicht, ob seine wiederkehrende Melodie gleichzeitig die Melodie von Verlust und Verlangen ist. Du hörst einen ausführlichen Vortrag über Wälder, Höhlen, Furten, Felsstürze – und überall findest du das unverwechselbare Zeichen der Distanz; du kommst also nicht hin, und man kommt nicht zu dir, nicht weil ihr so weit entfernt seid, sondern weil die Distanz, der ihr lauscht, euer Kennzeichen ist. Ihr könnt auch nicht aufhören zu lauschen, denn in jenem edlen und unglücklichen Klang erkennt ihr unweigerlich euch selbst. Und wenn sich, wie jetzt, die Distanz distanziert, die Entfernung entfernt, der Verlust verliert und die Abwesenheit absentiert, dann durchzieht den Himmel ein winziges, unerbittliches, ausgefeiltes Tremolo herumstreunender Klänge, Hämmer auf Bronze, Hölzer auf Metall, an viele Punkte des Himmels verstreute Metallophonien, und jetzt, nachdem du die Gnade der Juxtaposition und die Gnade der Distanz erfahren hast, wirst du in die Zersplitterung des Himmels eingetaucht: vielleicht ist ein Engel oder ein Ungeheuer oder Blitzschmied in unzählige Splitter zerstoben, oder man hat ein Stück Himmel zerrissen und in eine sorgfältige Serie von klingenden Gegenständen zerteilt; Wolken, Kometen, Asteroiden, Meteoriten, Schnee, und sogar die Nacht selbst – angestoßen von einer ebenso mächtigen wie hypothetischen Hand – sind in unzählige Klangorte zersprungen, und du lauschst dieser Uranophonie, die sich über die Welt ausbreitet, diesen Klangphosphemen, Silben, Vokalen, Aspiraten, Velaren, mysteriösen Sonanten und unhörbaren Tönen, die aber dennoch – von Niedrigkeiten und Erhabenheiten bewegt, die dem Gehör nicht vertraut sind – zu dir gelangen. Ich weiß nicht, ob dir dieser Wohlklang Waffenruhe oder Argwohn beschert; wahrscheinlich beides; denn das Vergnügen solch phonischer Verschwendung des Himmels läßt unausweichlich den Verdacht aufkommen, dieser Himmel könnte auch nur eine brüchige und abgewetzte Glasscheibe sein, ein Ort des Verfalls – und zerstört. Oder das Äugeln der metallischen Noten nur ein Ausspionieren deiner in der Nacht gesammelten Armut. Und dann wäre klar, daß deine Vertrautheit mit der Nacht aus dir ihren Zeltgenossen macht, und daß du die Hinterhalte der Himmelsklänge fürchtest – ihre abstrakte, numerierte Verletzung: ihr Zischen, ihr Klingeln, ihr Zittern, ihr Bimmeln, ihr Schaukeln, ihre Schärfe, ihr Skandieren, ihr Geläut. Dispersiv, natürlich, diese metallischen Himmelsharmonien, und darum kraftlos, blutleer, auf der Stelle verklungen. Es versteht sich von selbst, daß die Stille, die jetzt deinem Erleben der Paradiesklänge folgt, etwas gänzlich anderes ist als das, was dir geschah, als die Stille an den Platz jener anderen Geräusche und Stimmen trat, die wir die tierhaften nannten. Bedenke also: deine unordentliche Einsamkeit ist jetzt von einer hehren Halluzination erschüttert, und du bist vielleicht in Versuchung, irgendeine mythologische Geschichte zu ad hoc zu erfinden, um damit die Klänge, die dich geschmückt und erschüttert haben, zu interpretieren. Du weißt nicht, du kannst es nicht wissen, woher jene Klänge kamen; vermutlich sind sie gar nicht gekommen, sondern haben sich auf die Himmelskarte gezeichnet, plötzlich, wie Instrumente ihrer selbst, als vorgetäuschte Fagotte, Hörner und Pauken. Nichts von alledem – an jenem Ort, wo du dich aufhältst, an dem

Himmel, unter dem du wohnst – nichts von alledem hat je existiert. Es gibt keine Orchester in der Luft. Niemand könnte auf Instrumenten spielen, die den Raum erfüllen, der von Pol zu Pol reicht und die Äquatoren zweiteilt. Und wenn es doch existierte? Wenn irgendein Wind da wäre, der sich in eine Klangmulde bliese, wenn es fingerfähige Winde gäbe, die metallene Plektren bewegten, wenn es Engel und Dämonen gäbe, oder besser: lebhafte Lüfte in Form von Dämonen, Windstoßengeln, winzigen Singvögeln, fadenförmigen Blitzen, vertrocknet im Äther und vereist beim reglosen Lautenspiel? Wenn, kurz gesagt, ein himmlisches Orchester weder unmöglich noch unwahrscheinlich wäre: was, Klümpchen und Monarch, wärest dann du? Der Hörer? Der Leser des scharfsinnigen Pentagramms? Der Umblätterer? Derjenige, der sich zum Metronom des entfesselten Himmelslärms macht und den gesamten Himmelsrhythmus und das Tanzen der Himmelsbewohner in seinen eigenen verbissenen aber sicheren Rhythmus zwingt? Vielleicht bist du aber auch nur der taube Orchesterdiener, der jedes Schlagen und Skandieren überhören muß, der weder hohe noch tiefe Töne kennt, der dem Pentagramm und den anspruchsvollen Fallen der Dodekaphonie fernsteht, und dem weder Bläser, Streicher noch Blech Freuden- oder Schreckensschauder vermitteln. Deine Aufgabe ist es, die riesigen Instrumente abzustauben, die den Raum zwischen Himmel und Erde erfüllen – das nimmst du wenigstens an; denn du, du allein hast dir ausgedacht, daß jene Klänge keine Variationen auf ein Thema des Nichts sind, sondern eine von uranischen Professoren – Männern und Frauen – mit exakten Fingern und endlosem Atem gespielte Musik. Männer und Frauen: das ist gewiß ein Scherz, daß es auch im Himmel Wesen geben soll, die sich auf andere Wesen berufen müssen, um die Dunkelheit ihrer eigenen archaischen Spaltung zu verstehen; auch jene: Klümpchen und Monarchen; sie aber Musiker, und nicht taub oder nur Zuhörer wie du. Vielleicht ist es aber auch so: die Klänge, die du gehört hast, haben weder Sinn noch Ursprung und Ende; sie kommen von nirgends her und verfolgen kein Ziel; sie wissen sich nicht gehört, ja sie wähnen sich nicht einmal Klang; sie wissen auch nicht, daß sie einen Rhythmus haben, und die Zeit, die sie erfüllen, ist weder ihnen noch dir bekannt; vielleicht ist es auch gar keine richtige Zeit. Diese Klänge steigen auf in den Raum oder sind vielleicht seit jeher dort angesiedelt und enthüllen sich nur dann, wenn eine oder die andere Juxtaposition von Sternen statthat, sofern es überhaupt Sterne gibt, denn aus deinem Dunkel heraus hast du keine Möglichkeit, welche zu sehen. Und deshalb bleibt dir als wahr und sicher auch nur dieses: dein Lauschen. Und in die Höhlung deines Ohrs zeichnet sich der gläserne Liebreiz des Klangs, der sich dir verwirrt, und des Klangs, der sich distanziert, und des Klangs, der sich in deinem aurikularen Himmel tausendfach multipliziert. Du bist der Rhythmus, bist der Applaus, und wahrscheinlich bist du der alleinige Beweger der Klänge. Aber deine Existenz ist so unscheinbar und ärmlich, daß niemand dir verbieten kann, dich als das geringste Glied des himmlischen Orchesters zu betrachten, aber dennoch dazugehörig – du, dem vermutlich die Aufgabe zufällt, mit der man gewöhnlich die Stille betraut. Bist du also die Pause? Es liegt etwas Erheiterndes in diesem Gedanken, und dich als Waffenruhe zwischen wie auch immer gearteten Klängen zu vermuten, macht aus dir irgendwie ein Instrument, vielleicht ein negatives, ja negativ durch und durch. Und darum ist die Stille, in der du jetzt wohnst, die Stille nach den Instrumenten – nach dem Holz, dem Metall und dem Schlagzeug. Und sie ist, diese Stille voll mit Erinnerungen an jene Klänge und deinen Mutmaßungen über den Raum, die du jenen Klängen anvertrautest – deine fiebernde Klangtheologie, die dich beglückt und bedrängt in wechselndem Rhythmus. Wenn Angst dabei war – und sicher war welche dabei – dann war es jedenfalls eine hohe Angst, eine Vertikalität der Beklemmung, eine geräumige Enge, ein solides Zittern und schließlich ein sonniger Höhlengang, in dem du dich versteckt hast, auf der Suche nach etwas, das dich offenbart. Und jetzt schafft die Stille eine Unterbrechung, eine Waffenruhe mit dem Himmel. Und ebenso wie du vorher nicht umhin konntest, an den Klangtieren zu zweifeln, kannst du jetzt nicht umhin dich zu fragen – zweifelnd an der Existenz jenes Himmels, von dem du im übrigen keinerlei Indizien hast und den du dir als einen großen Apparat für Klangeffekte denken mußt, als ein Orchester, eine mystische Bucht oder einen Instrumentenwald: Bäume, an die man Flöten und Klappern gehängt hat, welche ein Wind bewegt – kannst du also jetzt nicht umhin dich zu fragen, ob nicht gerade dieser Wind – derjenige, den du als Himmel ansahst – sie spielt: ich meine die Instrumente. Aber in Wirklichkeit weißt du gar nichts und kannst auch nichts wissen, außer daß du gehorcht hast: und das hast du getan und wirst es womöglich wieder tun. Der Augenblick, der sich jetzt anbahnt, ist vielleicht anders – sicherlich dunkler, abenteuerlicher, unwahrscheinlicher, atemloser, repetitiver, unsinniger, ungenauer, beschwerlicher, geduldiger und ungeduldiger, pedantischer, und trotzdem grobschlächtig, leise wenn nicht gerade lärmend, und in jedem Fall zu fragmentarisch, um zusammenhängend zu reden, und zu zusammenhängend, um irgendeine Eleganz des Details, sagen wir eine epigrammatische Genauigkeit zu erreichen. Bin ich also dabei, wie ein großspuriger Theaterinspizient die Ankunft einer Dynastie von Klängen anzukündigen, mit denen du eine mühsame Unterhaltung pflegen wirst? Aber hat sie, diese Präsenz, nicht in Wahrheit schon begonnen, sitzt sie dir nicht im Nacken, und du hörst ihr, wie ich glaube, nur deshalb nicht zu, weil du ganz versunken bist in die Entzifferung jener außergewöhnlichen Klänge, die dich dazu verführten, die metaphorischen Hypothesen vom Himmel und den Himmelsbewohnern vorzuschlagen, und von dir reihum als Metronom, Hörer und Maske, oder vielleicht für die Ausarbeitung der Stillen auserkorenes Instrument? Denn wenn ich jetzt wage, dich zu stören – unsere Vertrautheit ist inzwischen gewachsen, auch wenn wir nicht zu Unrecht jeweils an der Existenz des anderen zweifeln – dann möchte ich damit deine Aufmerksamkeit auf diese Klänge, Geräusche oder Stimmen lenken, die gerade angefangen haben zu agieren. Zuvor aber möchte ich dir empfehlen, die Präsenz der himmlischen Hypothesen hintanzustellen, ja am besten vergißt du gänzlich, daß du dich je einer malerischen Täuschung über ein Volk von Flöten und Geigen hingegeben hast, und lenkst deinen Sinn ganz gesammelt auf das Krachen und Zischen und Trillern, das dir unvorsichtig folgt. Ganz besonders aber empfehle ich dir, diejenigen Klänge zu vergessen, die wir die himmlischen nannten; denn jetzt wird dir, wenn ich nicht irre, das große Glück zuteil, Kratzen und Schaben und mümmelndes Mahlen zu hören; kurzum, wenn die Geräusche bisher bescheiden und zweideutig waren, wenn jene Stimmen, die wir die tierhaften nannten, dir bedrohlich und liebevoll zudringlich erschienen, wenn die himmlischen Wohlklänge dich betörten und verführten, so verkehrst du jetzt mit abgehackten, wirren, zerstreuten und zerstückelten, schäbigen und schändlichen Klängen; und du wirst nicht nur nichts verstehen, sondern es wird dir davor grauen, etwas zu verstehen, und du wirst dich dem Sinn dieser Klänge nur widerwillig, grimmig, zornig, wutentbrannt, lustlos und mit unlustigem Ingrimm nähern; du wirst vor Wut brennen, aber mehr noch wird dich ein Ekel beschleichen, und zugleich wirst du wissen, daß du irgendeine schäbige Wohnung hast in diesen Klängen, diesem Stimmenlazarett, diesem Fiebergewimmer, diesem von Feinden überrannten und von Seuchen verwüsteten Zeltlager mit seinen unablässig greinenden Feiglingsstimmen rücklings durchbohrter Soldaten – geblendet als schändliche, ja allerschändlichste, unerforschlich verratene Verräter. Nun wohl, mein Lieber: ist das nicht eine eloquente Einleitung zu etwas, das dich mehr als alle anderen betrifft und das gewiß einen aufmerksamen und verblüfften Zuhörer in dir findet? Verblüfft, ja gänzlich verblüfft, denn sie ist wirklich ausweichend, die Stimme, zu der du dich hinneigst – du, der du die Niederschrift der himmlischen Modulationen preisgabst. Hier wäre eine erläuternde Anmerkung vielleicht nicht ganz unnütz: ich möchte sagen, daß jetzt gesichert erscheint, daß dieses Dorf ein wie auch immer genachteter Ort ist, oder besser: ein genachteter Sitz, denn in ihm, um ihn herum und über ihm regiert die Nacht. Ich maße mir nicht an zu definieren, was für eine Art Nacht das wohl sei; es könnte eine Nacht sein, der ein Tag vorausgeht, obwohl ich keine Indizien dafür finde; oder eine Nacht, die sich allmählich in irgendeinen vorgetäuschten Tag verwandelt; vor allem würde ich zögern, sie mit gewohnten Ausdrücken wie etwa Sternennacht zu bezeichnen, denn Sterne sind keine zu sehen, obwohl ich zugeben muß, daß irgendeine nicht negative Abwesenheit von Sternen erkennbar ist; so als existierten zwar keine Sterne, wohl aber passende Vertiefungen, um Sterne aufzunehmen, prästellare Nischen, die indes keinerlei Spuren von Phosphoreszenz aufweisen, sondern durch und durch nächtlich sind, genauso wie die Nacht, in die diese Sternmulden geprägt sind. Ist es vielleicht eine mondlose Nacht? Aber wie sehr ich auch im Geiste die Dauer dieser Nacht oder ihren Anbruch hinausziehe, ich entdecke keine Spur von Mond und auch kein Vorgefühl von Sichel oder Halbmond oder von jener würzigen Abwesenheit des Mondes, die man auch Neumond nennt – fast eine finstere Schwangerschaft des Himmels, dazu ausersehen, eine scharfe Mondklinge zu gebären. Aber eine Nacht ist es sicher, und gerade wegen ihrer Sterne- und Mondlosigkeit eine kompakte, solide und lange Nacht, vielleicht sogar endgültig, bestimmt exemplarisch. Sollen wir nun sagen, daß eine Nacht wie diese – eine Nacht, die du gewählt hast, um zu rasten und über eine Erschöpfung nachzudenken – dem Schlaf nicht fremd sei? Nein, ich glaube nicht, daß das, was wir über die Sterne und den Mond sagten, auch für den Schlaf gilt; der

Schlaf ist kein Licht, er hat keine Form, keinen Sitz, keinen Ort; er ist weder finster noch farbig, sondern ein Zustand, der sich der kohärenten Langsamkeit des nächtlichen Raums gut anpaßt. Das also mußt du wenigstens zugeben: daß die Geräusche, die du angstvoll gehört hast, die Stimmen, denen du mit Furcht und Liebe gelauscht hast, und schließlich die Klänge, über die du mit ehrfürchtigem Staunen meditiert hast – daß all das dem Schlaf entsprungen sein könnte – deinem Schlaf oder vielleicht dem Schlaf der Nacht selbst, fast als wäre diese Finsternis gar nicht der Schlaf, sondern sein weiches Lager; oder wenigstens dieses: daß alles, was du gehört hast, irgendwie mit einem Schlaf vertraut war, nicht deinem vermutlich und nicht dem der Nacht – also von anderen – sondern nur mit dem eigenen; du kannst deshalb annehmen, daß der Tropfen vom Fallen und das Ding vom Wesenwerden geträumt hat, und daß es einen hereinströmenden Traum und einen Traum von Verderbtheit und Nichts gab. Und könnte all das nicht auch eine Art Traum des Nichts sein, das nacheinander Geräusche und Stimmen träumt und dich, dieses Nichts, zu Weisen des Seins einlädt, die keinerlei Formen haben und dennoch *sind*, auf irgendeine Weise *sind*, obgleich ihr Sein außerhalb der Nacht und des Schlafs, oder besser: außerhalb des Nichts unmöglich ist, seien sie nun Träume des Nichts oder nicht? Doch das alles verrät mir eine verdächtig rabulistische Gewandtheit der Rede; sagen wir lieber, daß diese Nacht – denn wir sind uns ja einig, dieses Wort zu gebrauchen – ein Sitz des Schlafs sei; daß folglich eine gewisse Schläfrigkeit herrsche und daß dieser Schlaf – sei er nun das, was man Substanz nennt oder nicht – etwas in sich habe, was man als Akzidens bezeichnen kann; und deshalb kann der Schläfrige ein Akzidens des Schlafs sein oder umgekehrt der Schlaf ein Akzidens des Schläfrigen, obwohl es keinen Augenblick gibt, in dem der Schläfrige ohne Schlaf und keinen Augenblick, in dem der Schlaf ohne Schläfrigen ist. Dieser spärliche und unsichtbare Stoff, den wir Schlaf genannt haben – Nachtschlaf und substantiellen Schlaf und zugleich akzidentellen Schlaf – dieser Schlaf also ist an das Sein gebunden, obwohl gebunden nicht der richtige Ausdruck ist, aber gebunden ist er, oder der Schlaf in dieser Weise ist eine der Weisen des Seins. Und du wirst dich, glaube ich, nicht wundern müssen, wenn du merkst, daß dieses schläfrige Sein im Schlaf über Stimmen verfügt; und diesen Stimmen kannst du jetzt lauschen. Aber du nicht – nein, du bist und kannst nicht schläfrig sein, auf keine Art: dir obliegt ein strenges und pedantisches Wachen, ein belehrendes und staunendes, ununterbrochen argumentierendes Wollen. Denn andere Ängste, Befürchtungen, Beklemmungen, falsche Fröhlichkeiten und Desorientierungen erwarten dein Ohr. Du merkst jetzt zum Beispiel, wie unruhig und instabil dieser Schlaf ist und auch in seinen tiefsten Abgründen irgendwie schmerzlich, gequält und desorientiert; schwierig ist es indes zu verstehen, in welcher Weise dieser Schlaf desorientiert sein kann; man denke ihn sich als eine Art von Nacht innerhalb der Nacht, und in dieser zweiten Nacht geht der Schläfrige vorwärts; ich sage nicht, daß er träumt, und vielleicht kann er gar nicht träumen, denn in dieser genachteten Nacht gibt es keine Spur einer erinnerbaren Form, die man auf irgendeine Weise träumen könnte. Der Schläfrige träumt also nicht, geht aber im Schlaf – diesem mehr als nächtlichen Schlaf – trotzdem weiter, und dieses Weitergehen, dieses finstere Spazieren ist vielleicht desorientiert, obwohl es keinerlei Anzeichen von Gefahr und Hinterhalten gibt, sondern nur dieses Wissen um das eigene Weitergehen im Inneren einer Nacht, die wiederum in eine Nacht eingeschlossen ist. Und jetzt sag mir: wie viele Male muß er noch erwachen, um zu irgendeinem Verständnis dieses Ortes zu gelangen? Und gibt es überhaupt eine genügende Anzahl von Malen, um etwas über diesen Ort zu erfahren? Nein, es kann sie nicht geben, und in jedem Fall könnte der Schläfrige nichts davon wissen. Also: dieser Schlaf ist, wie schon gesagt, schmerzlich, gequält und vor allem desorientiert; und nun dringen aus diesem Schlaf plötzlich Hauche. Ist es da möglich, daß du mich nicht fragst: Wer ist da schläfrig? Wer ist desorientiert? Wer haucht etwas und was haucht er? Natürlich gibt es darauf keine Antwort; ich glaube nicht, daß jemand da ist, der darauf antworten könnte; letzten Endes bin ich selbst nicht ganz sicher in bezug auf deine Existenz, und ich kann nicht ausschließen, daß du nur eine Laune irgendeines Schlafs bist – ein Hauch desselben Schlafs, von dem auch ich nur eine Laune bin. Jedenfalls ist jede Forschung über den Schlaf und den Schläfrigen an allen Ungenauigkeiten der Erforschung des Seins beteiligt und deshalb in mancher Hinsicht nicht anders als die unnützen und trotzdem unvermeidlichen Forschungen über das Geräusch des Wassertropfens, das Stöhnen des wesenwerdenden Dings, und schließlich den geflügelten Himmelsatem. Aber wie dem auch sei, selbst wenn du nicht weißt, was das Sein ist (ob Substanz) oder das Nichtsein (ob Akzidens) das schläfrig die Desorientierung erprobt und einen Grund darin schöpft, um schlaftrunken Laut zu geben, mußt du dich mit diesen Stimmen und mit nichts anderem befassen, denn es gibt nichts, was nicht Stimme wäre, und du hast sicherlich die Aufgabe – sei sie nun halluzinatorisch oder nicht – zuzuhören und auf diese Weise dem, was als Akzidens des Nichts erscheint, die Würde eines Klangs zu geben. Also: ohne Interpretationen zu suchen, die mit dem Sitz, der Nacht, dem Schlaf und dem Wesen des Seins und seinem Akzidens unvereinbar sind, mußt du nur einfach hören. Und das, was du hörst, ist eben die Stimme des Schläfrigen, der die Desorientierung des Schlafs erfährt. Also: ein Akzidens des Schlafs klingt in der Desorientierung an. Horch. Dieser zerhackte Atem ist nicht eigentlich ein Geräusch, aber auch kein tierisches Winseln und ganz gewiß kein engelgleicher Klang. Du hörst jetzt eine gebrochene, betrübte Stimme – etwas, das dir ähnelt – aber dann plötzlich eine Pause, eine Zäsur, eine aufgeweichte Stille, nicht lautlos – etwas Neues, nicht wahr? Es schleimt etwas aus, das eine Stimme sein könnte. Es schleppt sich hin. Ein Stöhnen. Aber das Stöhnen schließt etwas ein, das du nicht zu erkennen wagst. Vielleicht eine Stimme? Es könnte eine Männerstimme sein. Das glaubst du nicht? Es könnte ein weibliches Stöhnen sein. Was meinst du? Es könnte das winzige aber syllabierte Schluchzen eines Neugeborenen sein. Oder nicht? Syllabiert, genau; das war noch nie dagewesen; nicht beim Tropfen, nicht beim Hereinfluten, nicht bei den Dämonen. Aber es ist keine richtige Silbe. Weniger, sehr viel weniger als eine Silbe. Trotzdem näher an einer Silbe als an einem Winseln, einem Triller, einem fallenden Tropfen. Aber noch keine Silbe. Etwas, das ausheckt, eine Silbe zu werden? Mag sein. Ein phonisches Komplott. Eine stimmliche Verschwörung. Aber sind wir von der Hypothese einer Stimme nicht noch unerträglich weit entfernt? Ich glaube tatsächlich nicht, daß man von einer Stimme sprechen kann, aber bestimmt von einer silbischen Intention, die – wie es schon bei den Tierstimmen und -geräuschen der Fall war – nicht notwendig einem substantiellen Akzidens anvertraut werden muß, wenn diese Aussage überhaupt einen Sinn hat. Wenn du dich in einen schläfrigen Silbenraum verstrickt findest, dann muß das nicht heißen, daß dort ein Sprechender oder ein Schlaf, oder – an jenem Ort, von wo die Silben kommen – irgendeine Nacht ist. Doch sag mir: gesetzt den Fall, du nähmest an – aus einsamer Gewohnheit – dies seien die silbischen Intentionen eines desorientierten Schläfers – glaubst du dann nicht, daß du eine Hypothese über die nächtliche Landschaft solcher Desorientierung aufstellen müßtest? Könntest du nicht, nur so zum Spaß, einmal erforschen, was das für Träume sind, von denen du als schmächtige Indizien eben diese Konsonanten-, Vokal- und Silbenintentionen findest? Aber dann: welche Träume du auch im Sinn hast, du darfst nicht vergessen, daß zur Beschreibung eines Schläfrigen gehört, daß dieser als eingefleischter Bewohner einer absoluten Nacht keine Bilder zum Träumen besitzt; deshalb sind seine Träume auch nichts anderes als deine Träume, und du bist beauftragt zu träumen, genauso wie du beauftragt warst zu hören; und deine Träume sind auch diesmal deine Ängste, dein Entsetzen, deine Müdigkeit und die ausgeklügelte Ratlosigkeit dessen, der ein Dorf nur auf prekäre Weise bewohnt, und zwar so sehr, daß man nichts anderes in deiner Präsenz zu sehen vermag als eine Krankheit des Dorfs. Und was träumst du? Bilder eines mehr möglichen als gelebten Lebens mischen sich mit Interpretationsprogrammen für das Universum, und die Erfindung des Universums schrumpft auf ein altkluges Spiel zusammen, um es, das Universum, in die eilige Dimension eines Traums zu zwängen. Alles ist leidenschaftlich und ungenau in dieser anstrengenden und unwegsamen Nacht, und ich weiß nicht, ob du über Erinnerungen verfügst, um dir Träume zusammenzubrauen, oder ob deine Träume nur mit hypothetischen Bildern vollgestopft sind und sonst nichts. Ja gewiß, deine Träume – angefüllt wie der Schlaf mit unmöglichen, paralytischen Träumen des nächtlichen Akzidens – sind Versuche, der Einsamkeit und dem ahnungslosen Verkehren in der Welt eine Form zu geben und Tiere zu erfinden, die heraldisch die Niederlage, den Irrtum und das erbärmliche Spiel darstellen, das du mit dir selbst treibst. Aber nimm einmal an, jene Hypothese des Schlafs ließe die Erfindung einer Geschichte oder eines Märchens zu, und es wäre dir gestattet, anhand einer unordentlichen Anschauungstafel die Existenz einer verschlafenen Person zu beschreiben oder einfach eines verschlafenen Raums, aber irgendwie eines Person-, Wesen- oder Substanz-Raums, dem der Besitz einer Stimme zusteht. Wenn der verschlafene Raum schläft und schlafend sein träges Knäuel von Traumhypothesen abspult und sich wegen dieser Träume ausreichend ängstigt und grämt, um jenen Stimmen nachzugeben, dann kann es geschehen, daß am Ende von Jahrhunderten – wenn du genug Uhr hast – dieser Raum anfängt, aus dem Schlaf herauszuschlüpfen. Stell dir ein sehr langsames Erwachen vor, das auch den Übergang von einer Nacht zur anderen Nacht enthält – also eine Befreiung aus der nächtlichen Hülle nur um in eine weitere Hülle zu gelangen – diejenige, in der du verwahrt bist. In diesem Fall wäre es nicht unsinnig anzunehmen, daß die Stimmen sich verändern und nach und nach zu weniger zerhackten Silben werden, so daß du unweigerlich, vielleicht nicht gleich, aber jedenfalls immer bälder gezwungen sein wirst zu entscheiden, ob das, was du hörst, wirklich Stimmen sind, oder ob es eine einzige Stimme ist, oder eine Menge unverbundener Stimmen, sicherlich keine Unterhaltung, eher ein unordentlicher, erratischer Chor, eine stimmliche Fragmentierung, in der Vokale und Konsonanten hypothetischer und einander fremder, ja gänzlich unbekannter Münder sich verknäueln. Und jetzt ist das Verführerische dieser vielgestaltigen Stimme nicht mehr ihre Fragmentierung, ihre mümmelnde Kurzatmigkeit, ihre pausenreiche und knochenlose Beredsamkeit, sondern eher ihre Unordnung und zugleich pedantische Eintönigkeit, und ich wüßte wirklich nicht, was man sonst noch sagen sollte, denn ebenso wie für den Zustand des Schlafs ist es für den Zustand des Übergangs vom Schlaf und damit von einer Nacht zum Wachen, das von einer weiteren Nacht als Sitz bestimmt wird, tendenziell unmöglich zu enden – als ein Weitergehen von Etappe zu Etappe, eine Wegstrecke vom Wunder zur Halluzination, und schließlich ein Fortschreiten in Verirrungen und damit in einer Lage der Unmöglichkeit, anzukommen. Deshalb mußt du nun versuchen – in einem Zustand resignierten Gehorsams, vergeblich aufmerksam aber mit intensiver Hingabe – dieses eintönige Geleier unzusammenhängender aber nicht zerstreuter und von immer kürzeren Pausen unterbrochener Silben geistig zu notieren, während du gleichzeitig merken wirst, daß du trotzdem – wie sehr die Silben sich auch einander nähern – nie und nimmer ein Wort erkennst. Aber natürlich kannst du nicht umhin zu verstehen, welche Tyrannei dieser Unmöglichkeit innewohnt, denn kein einziges Wort zu begreifen heißt ja auch, daß du geneigt bist dafürzuhalten, daß jene in jedem Fall Silben sind, die an einem bestimmten Punkt Worte werden können, und deshalb hast du beschlossen: jene seien Stimmen. Nein, es ist nicht nötig, daß du buchstäblich daran glaubst, mit Stimmen in Kontakt zu sein, denn das könnte dein zerbrechliches Gleichgewicht bedrohen, aber sicher wirst du genötigt sein anzunehmen, daß ein vielleicht labiler und womöglich bereits ausgehauchter Atem in ein Labyrinth von Echos eingegangen ist, und daß das, was du gehört und als monotonen und unsinnigen Chor bezeichnet hast, vielleicht der Atem einer einzigen bereits erloschenen Stimme sein könnte – einer Stimme, die unermüdlich zahllose Schluchten, Höhlengänge und Grotten durchlaufend und zwischen den Steinen, den Ziegeln, den Wassertropfen, dem Fluß und schließlich dir selbst hin und her hüpfend etwas wie die Illusion eines Chors formt – etwas, das du nicht zu erklären weißt, aber als Halluzination betrachtest, vielleicht auch nur beinah, denn jenen anfänglichen Atem wirst du nicht zu verleugnen wagen, und deshalb mußt du – auch tot und auch wenn der Chor nur eine phonische Halluzination, eine Fata Morgana in der Wüste der Nacht, eine spöttische Variante der Stille ist – deshalb mußt du denn auch dieses Problem noch lösen: was das wohl war, dieser Atem – ein Du-selbst oder ein Verschiedenes von dir? – und ob das Universum der Nacht demnach irgendwie verändert ist – ein für allemal. Das Echo kann die Monotonie gewiß erklären, aber bemerkst du nicht gewisse Schattierungen, wechselnde Formen des Echos – im Rücklauf, im Kanon – die man nicht mit einem labyrinthischen Lauf erklären kann? Eine Stimme ohne Pause, ohne Rhythmus, ohne Wechsel, ohne Anfang, ohne Ende, ohne Aufmerksamkeit, ohne Empfänger – ist das nicht eben deine eigene Stimme? Und wenn diese Stimme – wir wollen es so nennen – das Zeichen einer langsamen und feierlichen Demenz ist (beachte den weihevollen Charakter ihrer Langsamkeit, dieser aufmerksamen und zögernden Langsamkeit des Wahnsinns) – ist es dann nicht schicksalhaft, daß du, schicksalhafter Hörer, um sie zu hören deinem Wahnsinn die Form eines Ohrs gibst? Daß du dich dieser Langsamkeit, dieser Eintönigkeit, dieser Unschlüssigkeit unterwirfst, weil gerade diese Stimme die Form des Wahnsinns ist, die dir gebührt? Du kannst nicht umhin, das, was du hörst, zu imitieren: warst du nicht fallender Tropfen, brünstiges Tier, fliegende Flöte? Wie also solltest du jetzt nicht der endlose Weg der Sinnlosigkeit sein? Abwesenheit von Sinn: Zerstörung des Sinns, Sinnverlust, und die Feststellung, daß es in keinem Augenblick eine Spur, ein Indiz, ein Symptom von Sinn gegeben hat. Ja, ein Symptom: denn du denkst jetzt vielleicht, daß die Existenz irgendeines Symptoms ein sicheres Zeichen dafür sei, daß jedweder Sinn nichts weiter ist als eine Pathologie der Rede, eine monströse Krankheit; und wenn dieser Sinn dann zerplatzte wie eine unselige Blase des Bösen, dann wäre er eine demenzielle Epidemie, und der Sinn des Universums nichts weiter als eine Krankheit, die ihre Grenzen ausgedehnt hat bis zu den Extremen der Welt, oder der Nacht, denn anderes ist dir als Welt nicht bekannt. Also: dieses Wortgetrappel, dieser Aufzug zerhackter, verletzter, verwirrter, kranker, desorientierter Wörter, diese Prozession einer zerzausten Syntax wird für dich eine überzeugende und jedenfalls glaubwürdige Beredsamkeit sein – eine Rede, in die du dich fügst, die du annimmst, der du dich überläßt, die du unterstützt, der du gehorchst, die du notierst, der du zustimmst – denn indem sie, diese Rede, nichts weiter ist als eine Krankheit, ist sie nicht Krankheit, sondern Verständigkeit, von jener unsinnigen Verständigkeit, die dich als einzige überzeugt. Horch, wie sie summen, die nasalen Konsonanten, und wie sie zischen, die Sibilanten, diese Lumpendinger mit ihrer Berufung zur Schlange; und vor deine Füße fallen harte, steinige Gutturale, plumpe Konsonanten, Schleuderkiesel, knochiges Gestotter; hör sie vorbeiziehen, die raschen Vokale, die vorgetäuschten Auren, die sofort zerfransenden Kantilenen: aaaa, dieser Hochmut, der sich erniedrigt zu einem eee, diese scheinheilige Milde, die absinkt in ein iii, dieses blöde Lachen, das sich aufbläht zu einem ooo, sich aber schließlich im kümmerlichen Schlummer eines uuuu beruhigt; und so verfolgen sie sich, die unsinnigen Vokale, und du erhaschst ein N, das zahnlose Tierchen, und ein Fluktuieren von L's. Ich glaube nicht, daß es sich lohnt, die phonetischen Bizarrerien, die dich umgeben, einzeln aufzuzählen. Denn ehrlich gesagt ist kein Vokal und kein Konsonant genau das, was man unter einem Vokal und einem Konsonanten versteht – ein Etwas mit einem Mehr und einem Minder, wie ein ungestümer

Atem und ein Mangel an Lebenskraft, der auch ein Zeichen für das Andauern eines dumpfen, trägen, düsteren Schlafs sein könnte, nicht frei von Traumfetzen, Bildern gefertigt aus Schnipseln der Nacht, in der der Träumende wohnt. Doch in Wahrheit wimmelt es in dieser Rede von Ungenauigkeiten; zunächst einmal ist klar, daß du, wer immer du seist, dich dieses fragen mußt: wer sind sie, wer ist es, der in dieser Weise Worte, oder besser: Wortphantome, Wortintentionen oder noch weniger sabbert? Du bist jetzt in dieses Wortgetümmel getaucht und kannst nicht zu Unrecht erwarten, daß jemand, der endlich erwacht ist, sich dir nähert und dich – treppauf treppab die Straßen des Dorfs durchlaufend – schließlich entdeckt und aufmerksam ansieht – da – das ist er, nicht wahr? Aber wer sieht wen an? Nein, das ist nicht wahrscheinlich, noch nicht, bestimmt nicht. Diese Klänge sind in keiner Weise Worte; trotzdem haben sie mit nichts so viel Ähnlichkeit wie gerade mit Worten. Sind es also menschliche Wesen, die da murmeln, oder Wesen, die dir ähneln? Ich weiß es wirklich nicht; aber ich muß ganz behutsam zu den Termini deiner Rede vordringen; du hast jetzt gewiß den Eindruck, das Dorf sei von einer Menge schlafender, schlaftrunkener und halbwacher Wesen bevölkert; das ist zwar möglich – aber wo sind sie denn, wo sind die besagten Wesen? Denn du kannst gewiß eine Menge von Wesen phantasieren, die besetzen jeden Winkel des Dorfs, doch in Wirklichkeit scheint diese Menge keine andere Konsistenz zu haben als die der Stimmen, die sie konfus moduliert; und deshalb könnte es auch ein einziger riesiger Schläfer sein in agnostischem Streit mit seinen Träumen, oder ein langsames, widerstrebendes Erwachen. Aber ob das wahrscheinlich ist oder nicht, kannst du wahrhaftig nicht sagen, denn dein Hiersein im Dorf gestattet dir nicht, woanders zu sein – und möchtest du denn tatsächlich auf die Suche gehen nach dem, was diese Töne äußert? Doch gewiß wirst du denken: diese Sache klingt aus meinem Mund nicht anders – ist sie mir also ähnlich? Aber auch: diese Sache versucht zu sprechen, sie kann aber nicht sprechen, deshalb ist sie auch nicht wirklich wie ich; aber ähnlich muß sie mir jedenfalls sein, vielleicht jedoch nicht so sehr, daß wir uns wiedererkennen und miteinander verkehren könnten. Könnte sie nicht in der Tat etwas sein, das neu geboren werden möchte, das verworren handelt, aber nicht ohne Absicht, ohne Ziel, ohne Schicksal? Könnte sie, diese Sache, die reden will, nicht auch etwas Ähnliches sein wie ein Gespenst? Sicher, an diesem Ort von Gespenstern zu reden, ist zugleich läppisch und selbstverständlich; aber wir denken ja nicht notwendig an ein Gespenst von jemandem, der existiert hat; könnte es nicht auch ein Gespenst ohne Lebensprogramme sein – eben ein stimmlicher Geist? Dann wäre es auch nicht nötig zu fragen: wieviele sind es? Denn es ist nutzlos zu versuchen, die Gespenster zu zählen. Aber sind die Gespenster nicht sogar beweglicher als die Lebenden? Das mag sein, aber wer sagt mir, daß die Gespenster sehen können und es dulden, gesehen zu werden? Doch in Wahrheit weißt du nur dieses: daß es da Stimmen gibt, die denen nicht unähnlich sind, die du modulieren könntest, wenn es einen Gesprächspartner gäbe, aber auch nicht so ähnlich, daß sie dir richtiggehend antworten könnten, denn diese Plapperreime, manchmal lärmend, manchmal leise, scheinen mehr der Entwurf zu einer

Rede als eine vernünftige Rede zu sein, oder noch nicht einmal das. Aber auch wenn man sich vorstellen könnte, daß die Stimmen in einem gewissen Augenblick konsequent genug wären um zu reden – worum würde es sich denn handeln? Um eine Rede an dich? Aber weiß überhaupt jemand, daß du hier bist, was immer dieses »Hier« bedeutet? Und ist es denkbar, daß ein Gespenst das Wort an dich richtet? Und wenn ja – daß ein Gespenst zu dir spricht, ohne sich dir in irgendeiner Weise zu nähern? Denn eins ist gewiß: du bist offenbar ziemlich nah an einer Menge von Wesen oder einem vielfachen Individuum, aber du hörst nichts, was daran denken ließe, daß dieses Ding sich bewegt oder läuft, geschweige denn dich sucht. Also wirst du teils fürchten teils hoffen, daß durch diese Klänge etwas geschieht, was mit deiner Einsamkeit und deiner Müdigkeit zu tun hat, und daß du womöglich nur zu warten brauchst, bis entweder eine auf ihre Weise endgültige und erleuchtende Katastrophe erfolgt, oder aber der Beginn einer sinnvollen Rede; doch welcher Zeitraum trennt diesen Augenblick – den Augenblick des Plapperreims und Stotterns – von einer sinnvollen Rede? Und ist es ein Zeitraum, den etwas dir Ähnliches ausfüllen könnte? Den du selbst ausfüllen könntest? Aber wovor hast du denn Angst? Fürchtest du, entdeckt zu werden, bevor du den Sinn erkennst, den diese Rede haben möchte oder haben könnte? Oder daß du deine Rede in kleine Stücke reißen und womöglich ein Gespenst werden mußt, um in einer Sprache zu sprechen, die derjenigen nicht unähnlich ist, die dich gegenwärtig umhüllt? Doch warte: mir scheint, daß da noch andere Punkte sind, über die man diskutieren müßte.

Zunächst einmal dieser: jetzt, wie immer, bist du der Hörer. Obwohl wahrscheinlich nichts von deiner okkulten Existenz etwas weiß, braucht das, was mehr murmelt als spricht, dich gerade um zu murmeln – also die Idee des Murmelns an sich, aber nicht dessen, der murmelt, sondern deine, der du hörend bestätigst: er murmelt. Ich habe gesagt: er. Doch was hat es für einen Sinn, so zu reden, als ob irgend jemand mit Sicherheit wüßte, ob dieses Murmeln weiblich oder männlich ist? Aber gerade weil deine Funktion des Hörens für den Fortgang der Rede wesentlich ist, die du als fremd, unvertraut, alternativ oder wie auch immer empfindest, wirst du vielleicht bemerken, daß das, wozu wir Murmeln sagten, sich nach und nach verändert; allein die Tatsache, daß wir sagten, er murmelt, läßt den Gedanken zu, wir hätten bemerkt, daß der Plapperreim jetzt ein Murmeln geworden ist – natürlich unverständlich, natürlich unzusammenhängend, natürlich unfähig zu Artikulation und Wort, aber jedenfalls kontinuierlicher und deshalb ähnlicher der Rede eines Delirierenden als dem Flüstern des Schläfrigen. Delirium, sagte ich, und das wird dich dazu führen, dir Fragen über die Natur des Dorfs zu stellen, das du in Wirklichkeit nur sehr flüchtig kennst. Ist dieses aufgeregte Flüstern womöglich ein Zeichen, daß du dich hier an einem kranken Ort befindest, ja vielleicht sogar im Zentrum der Epidemie, und daß vielleicht alles, was geschieht, nichts weiter ist als das Symptom einer Krankheit, die dazu fähig ist, Dörfer, Nacht und Stimmen zu produzieren? Denn wenn dies ein Delirium ist, dann muß man auch sagen, daß das Delirium das ist, was dem Erwachen folgt, und das Erwachen das, was dem Schlaf folgt, und der Schlaf der

Ort, an dem die Krankheit die vielgestaltige Form der Träume hat. Doch ob das alles nun Krankheit ist oder nicht, es ist jedenfalls sicher, daß du diese Krankheit nicht kennen kannst, außer in der Gestalt der Stimme – welchen Sinn dieses Wort auch haben mag – und in der sicheren Annahme, während es doch gar nicht sicher ist, daß es wenigstens intentionale Stimmen sind und nicht nur reine phonische Ereignisse in einem Universum, das unablässig Geräusche erzeugt, die versuchen, sich in Worte umzuschreiben. Vielleicht umzingelt dich ein Fieber und du bist nur das Bewußtsein, der höchste Punkt, den das Fieber in der Rede über sich selbst erreicht? Du hörst das Faseln des Fieberwahns, und dieses Faseln ist schon so nah bei der Absicht zu sprechen, daß es dich nötigt zuzugeben, daß ein dir ähnliches Wesen da sein muß – ein Gespenst, aber jedenfalls ein Jemand – denn man kann zwar bezweifeln, daß der Schlafende existiert, aber der Fiebernde muß eine wenn auch zerfahrene und lückenhafte Kontinuität besitzen. Aber könnte das Fieber nicht auch lediglich eine linguistische Eigenschaft sein, also eine Seinsweise des Sprechens, die es daran hindert, sinnvoll, nicht aber stimmhaft zu sein – unsinnig stimmhaft? Daß diese Rede keinen Sinn hat, ist vielleicht ein Zeichen dafür, daß sie etwas anderes ist als eine Rede – oder ist gerade ihre Sinnlosigkeit das wahre Kennzeichen der Rede? Du hörst jetzt ein überstürztes Reden, so als stießen die Vokale und Konsonanten, zu exakten Silben gepackt, an unzählige Hindernisse, und obwohl man keinerlei Sinn aus diesem Reden ableiten kann, geschieht es, daß dieses Heranstürmen und Aneinanderprallen und Sichverfolgen der Silben auf das Projekt einer Rede anspielt, die letztlich einen Sinn haben oder wenigstens imstande sein wird, ihren Sinn auf so rücksichtslose Weise vorzutäuschen, daß jeder sagen muß, es kann gar nicht sein, daß sie keinen Sinn hat, auch wenn zugleich völlig klar ist, daß niemand auf irgendeine Weise sagen könnte, um was für einen Sinn es sich handelt. Das delirierende Fließen der Stimme ist kein Plapperreim und kein Gemurmel, sondern ein ununterbrochener Klangfluß, aus dem man nur schwer einzelne Vokale oder Konsonanten heraushören kann; das Ganze liegt vielmehr irgendwo zwischen Gestöhn und Sermon, Grabrede und Festansprache; und nun höre: wie es sich aufbäumt, wie es transzendiert und fleht – dünkt dir da nicht, daß eine schicksalhafte Beziehung zwischen deiner Auskultation und diesem Leiden besteht, das bereits versucht, die Gesetze einer Grammatik zu formulieren, obwohl es noch in die Öde der Nacht, des Dorfs und deines Hörens verstrickt ist? In Wirklichkeit kannst du dieser ungenauen Klage nicht entfliehen, aber du kannst auch nicht bewirken, daß sie keine Klage sei, noch kann die Klage bewirken, daß du nicht zuhörst, und deshalb kann auch die Krankheit, wenn es sie gibt – und es könnte ja gerade sie sein, die da spricht – nicht existieren, außer weil du sie hörend als Krankheit akzeptierst, indem du sie als das erkennst, was in dir Krankheit ist; und wäre es da nicht vernünftig zuzugeben, daß das, was du hörst, deine eigene Krankheit ist und diese Krankheit das, was du der Rede weihst, und daß es diese Rede gar nicht gäbe, wenn es deine Krankheit nicht gäbe, oder besser, wenn deine Art des Seins nicht darin bestünde, eine Krankheit zu sein? Es ist seltsam, wie es auf jedweder Ebene unmöglich ist, über das Reden zu reden, ohne sich fortgesetzt zu wiederholen, so daß es nicht unmöglich erscheint – zumal dieses leise Irrereden, das wir gemutmaßt hatten, unendlich repetitiv ist – daß diese ständig wiederholten Silben der Anfang einer Rede über die Rede sind, und deshalb müssen wir annehmen, daß die Rede beginnt, sich selbst als Rede zu erkennen, auch wenn der Preis des Sich-Erkennens das Delirium ist. Aber was wird geschehen, wenn das Delirium mit seiner Kohärenz einmal endet? Denn wir haben den Schlaf in Wachschlaf übergehen und den Wachschlaf wachsen und zur Krankheit werden hören; und wenn wir jetzt annehmen, daß die Iteration ein Indiz für ein Selbstgespräch der Rede sei, dann brauchst du dich nicht zu wundern, wenn die Rede – ohne ihre unordentliche Folge von Vokalen, Konsonanten und Silbenentwürfen zu ändern – etwas anderes wird, auch wenn sich ihr unentziffertes Strömen nicht wandelt. Horch: sind diese Klänge jetzt nicht schon deshalb anders, weil ein Hang zur Frage in ihnen anklingt? Die Stimme oder das Stimmengemisch steigt jetzt in einem geheimnisvollen Atem auf, fast als wolle es sich zur Form einer Frage modulieren. Aber natürlich ist das eine Illusion, eine anthropomorphische Halluzination, denn es ist gar nicht möglich, daß die Frage der verständlichen Formulierung des Wortes vorausgeht, nicht wahr? Nein, das ist nicht wahr; es ist möglich, daß die Absicht der Frage schon die wahre Spannung der Worte, der Rede ist, ja sogar daß dort, wo diese Frage existiert, nicht die mindeste Spur von Sinn sein muß, und die Frage ist selbst schon die Spannung der Rede, ist selbst die Rede, und du wirst tatsächlich merken, daß an diesem Punkt die Silben zwar hartnäckig konsequent werden, aber auch an Klarheit verlieren. Nicht, daß sie je klar gewesen wären, aber sie waren doch artikuliert, wenn auch ungeschickt, während sie jetzt wenig mehr sind als das ständig modulierende Syllabieren einer Klage, die uns als Frage erscheint. Gut – aber wenn du die Frage hörst, wirst du dir doch wieder auch jene andere Frage stellen: ist dies eine Frage an sich oder ist sie eine Frage, weil du sie als solche erkennst? Im ersteren Fall wäre sie, diese Frage, auf eine Art gestellt, daß man die Gewährung einer Antwort für möglich halten könnte; wie aber wäre in einem solchen Fall die Antwort formuliert? In welcher Gestalt der Rede? Das wird genügen, um zu zeigen, wie schlecht das Problem gestellt ist; tatsächlich ist die Frage deshalb eine Frage, weil sie jene spezifische Modulation aufweist, und obwohl es möglich ist, daß die Frage darum weiß, eine Frage zu sein, wäre es auch vernünftig zu glauben, daß die Frage nur deshalb eine Frage ist, weil du, nächtlicher Hörer, zu jener Welt der Befragung gehörst, wo diese Modulation einen Sinn hat; aber daß es eine Antwort geben soll, mutet unsinnig an, denn um für die Frage verständlich zu sein, müßte die Antwort auf derselben verbalen Ebene erfolgen wie die Frage, und auf dieser Ebene kann es offensichtlich nur eine Frage geben aber auf keinen Fall eine Antwort. Die Frage ist zwar eine Modulation der Klage, aber sie enthält, wenn auch mit Mühe, eine verbale Absicht, die scharfsinnig und intensiv erscheint, wenn auch völlig vergeblich – ein weiteres Beispiel für jenes leere Geschwätz, dem du dein hingebungsvolles Ohr leihst. Doch wenn die Frage objektiv eine Frage ist – nimmst du dann an der Befragung teil oder bleibst du ihr fern? Bist du nur der Hörer – derjenige, der die fragende Eigenschaft bestätigt – oder bewirkt gerade deine Bestätigung, daß du in die Geschwindigkeit der Befragung hineingezogen wirst, so daß du selbst in Versuchung gerätst zu fragen? Oder ist es nicht eher deine eigene, an die Stimme der Frage gerichtete Frage, wie um zu sagen, ich befrage dich, weil ich wissen möchte, was die Frage ist, die ich im übrigen als solche höre? Auf jeden Fall aber ist die Frage deshalb eine Frage, weil sie in jener Weise geformt ist, und deshalb wird auch deine Frage – sei sie nun an die Frage gerichtet oder nicht – genauso fragend sein wie die andere, denn als Teilhaber an ihrer phonischen Eigenschaft – der fragenden Modulation – sind beide sie selbst. Kurzum, wenn die Frage eine Frage bliebe, wenn sie nur fragte und sonst nichts – zufrieden, fragend zu sein und vielleicht dank deines Zuhörens irgendein Bewußtsein erlangt zu haben, eine fragende Frage zu sein; wenn sie darauf beharrte, klagend, nörgelnd, faselnd, ungenau, allgemein, feige, aufdringlich, kindisch und repetitiv zu sein – ja, dann könnte die Frage tolerant sein; und du, wenn du die alte Angst einmal abgelegt hättest, könntest dich möglicherweise darauf einrichten, an diesem Ort zu verharren, dem die Frage ebenso wesensverwandt zu sein scheint wie die Nacht. Aber du kannst nicht überhören, daß die Frage langsam ihren Tonfall ändert – freilich ohne daß deshalb die Silben sich voneinander lösten oder auch nur ein einziges Wort verständlich würde, aber was sage ich da, nicht einmal eine Silbe wird man aufschreiben können; doch jetzt ist die Frage etwas geworden, das zwischen Flehen und Drohen liegt. Doch wenn man bereits dem Flehen, erkennbar an seinen fallenden Tönen, und der Drohung, die du jetzt an ihren schmutzigen und rauhen Tönen erkennst, eine gewisse ideologische Zuständigkeit zumißt, dann wäre auch denkbar, daß man dem Erscheinen wenn auch nicht der Syntax, so doch wenigstens einer elementaren Morphologie beiwohnt. Aber da nichts von alledem geschieht, wäre es nicht unmöglich zu phantasieren, daß dasjenige, was zuerst deliriert und dann gefragt hat und jetzt abwechselnd fleht und droht, eher etwas Verkrüppeltes ist als etwas Krankes – etwas, das nach Monstrum oder Mißgeburt riecht, etwas, das auf keine Weise heilbar ist, und dem man nicht einmal helfen kann geschweige denn es interpretieren; und obwohl diese Stimme so ist, daß sie die gesamte Klassifikation der Angst bestätigen könnte, würde man nicht einmal von einem Schmerz reden können, sondern nur von einer Mißbildung der Sprache, so als wäre die Sprache etwas Monströses und selbst – nicht etwa der mutmaßliche Sprecher – der Schmerz und der Irrtum. Aber an wen oder was kann sich diese verbale Rhetorik denn wenden, wenn sie keinen Empfänger hat und auch einem solchen, selbst wenn sie ihn hätte, nicht offenbaren könnte, weshalb sie fragt, fleht und droht? Und auch wenn es jemandem gelänge, irgendeinen Sinn herauszuhören, so könnte sie doch in keiner Weise eine Antwort aufnehmen. Aber wärest dann nicht gerade du der gegebene Empfänger – als solcher unbekannt und dennoch unverzichtbar? Nicht, daß dir zustünde, eine Antwort zu geben, aber es steht dir zu, dieses gemischte Lamento des Monstrums aufzunehmen und zu sagen, daß es sich um eben dieses handelt – um die eigene Sprache des Monstrums, das du nicht tröstest, nicht erklärst, nicht interpretierst, sondern lediglich erkennst; und durch dieses Erkennen gibst du der monströsen Rede einen sicheren

Stellenwert, wie etwa einen übrigens gänzlich unsinnigen Sinn. Doch bist du zu solchem fähig? Ich bezweifle es. Ist dieses dein Akzeptieren nicht eher ein Dich-Fügen in die Regeln der fragenden Monstrosität, oder sogar ein Dich-selbst-als-Monstrum-Erkennen und damit als Teilnehmer an derselben Eigenschaft jener Klage? Du kannst eben nicht nur nicht erkennen, daß das Akzeptieren deine Kraft übersteigt, sondern auch nicht, daß du die Frage, wenn du sie akzeptieren könntest, auch zu entziffern wüßtest, denn sie hätte in jedem Fall den Sinn, den du ihr gäbest – keinen anderen, in keinem Fall – und dieser Sinn wäre ein Akzeptieren durch dich, aber auch ein Dich-Erkennen in jener Klage als nicht weniger klagend als die Klage selbst – wohl bemerkt: ich sagte nicht wer oder was sich beklagt. Doch die wechselnde Mischung aus Flehen, Klagen und Drohen scheint dieser Stimme eine beunruhigende Dichte zu verleihen, so als begänne ein Monstrum gerade, sich selbst als solches zu erkennen und sich über dieses Monstrum-Sein zu befragen und um Aufklärung zu flehen über seine ausgetüftelte Mißgestalt, und drohte, vielleicht zu töten oder sich selbst zu töten, wenn es irgendeine Kenntnis vom Empfangen oder Bringen des Todes besäße. Aber wenn du die Aufforderung ablehntest, dich – auch nur zum Schein, auch nur als Schmierenschauspieler – der Stille als Alternative anzubieten und folglich so tätest, oder nicht so tätest – und das wäre in keiner Weise verschieden – als erteiltest du eine Antwort – nicht etwa eine sinnvolle, denn die wäre schon als solche unverständlich, sondern eine fragende, flehende und drohende – wenn du dich mit höflicher Anmut und überlegter Feigheit entferntest – gäbe es dann einen anderen Ausweg als die polyglotte Anmut des Wahnsinns? Deshalb hör weiterhin zu, auch wenn man behaupten kann, daß von diesem Augenblick an dein Zuhören keine wenn auch noch so abstrakte Bedingung mehr für die, sagen wir, historische Existenz der Stimmen darstellt, die diesen Ort bewohnen. Es ist natürlich klar, daß die Stimme des Wahnsinns keinen richtigen Gesprächspartner hat, ja daß ihre Rede – wenn man es überhaupt so bezeichnen kann – gerade dem Fehlen eines Gegenübers entspringt. Du hörst jetzt nicht mehr zu, sondern registrierst nur die Unordnung, die in dieser Rede herrscht; aber daß es eine Rede sei, läßt sich in Wirklichkeit allein dem Wechseln der affektiv musikalischen Modi der Stimme entnehmen. Du wirst bemerken, wie die Frage sich allmählich zu scharfen und wütenden Dissonanzen emporreckt, denn der Wahnsinn liegt nicht so sehr im Fragen selbst als darin, die Frage an einen verschwiegenen Gesprächspartner zu richten, der jene Art der Verschwiegenheit übt, die ein Vorrecht des Nichts zu sein scheint; aber in Wahheit – wenn mir gestattet ist, mich in einer lästerlichen aber löblichen Glosse zu verbreiten – kann die Verschwiegenheit, auch wenn sie absolut ist, ein Beweis für das Nichts gar nicht sein, denn die Verschwiegenheit des Nichts hat eine ihr eigene sanfte Beharrlichkeit, die man unmöglich als irritierend betrachten kann, und das ist für den Wahnsinn verständlich; und es ist gerade diese leichte aber offenkundige Dyskrasie zwischen der Verschwiegenheit des Nichts und der Verschwiegenheit dessen, was das Nichts sein könnte aber keineswegs sein muß, die die unerforschliche Unordnung des Wahnsinns auslöst. Du wirst jetzt bemerken, daß man hier keine Folge von unverbundenen aber klaren Tönen mehr hört, keinen sinnlosen Wettlauf der Phoneme, die sich nachlaufen und mit pedantischer Besessenheit bespitzeln; vielmehr vermischen und verkneten sich jetzt die Stimmen, verheddern und überlagern sich in Schichten und verlieren sich in einer Art sublimer Agglutination: wenn du zum Beispiel eine Synglossie hörst, die es gestattet, das gleichzeitige Bestehen etwa von n, o, ;, x, !, u zu identifizieren – aber dieses Wort ist ungenau, denn gerade die Identifikation ist mit dem Eifer des Wahnsinns unvereinbar – dann können wir annehmen, daß das N auf eine Phase erniedrigenden, verächtlichen, ja allerschändlichsten Flehens anspielt; das O könnte ein Versuch sein, eine Komplizenschaft von universaler Art zu gründen, fast als ob der Fragende, der wirklich nur seine eigene Stimme hat, die ihn vom Nichts unterscheidet, und der Befragte, der wirklich nur seine eigene verschwiegene Stille hat, die ihn vom Nichts unterscheidet, ein feuchtfröhliches Einverständnis fänden bei einem begrenzten Gelage, das mit der Wahrheit zu tun hätte, oder mit dem Moment der Bedeutung, der geistigen Rettung, kurzum mit der Auflösung des Wahnsinns; du wirst aber bemerken, daß an diesem Punkt ein ; dazukommt, d. h. eine Pause, die aber dem N und dem O nicht wie gewöhnlich folgt, sondern mit ihnen zugleich existiert, so als wären die Vergeblichkeit der Niedertracht und die feige Verführung des O's in einem Bewußtsein der Vergeblichkeit ausgesprochen worden, oder, um genau zu sein, im Inneren – man beachte die Feinheit (denn der Schwachsinn gebietet über eine ziemlich scharfsinnige Rhetorik) – im Inneren, sage ich, der Aussprache selbst, oder vielleicht müßte ich genauer sagen: im Inneren der Stille, in einem Schrein, einer Nuß, einer Robe, einem Panzer, einem Sarkophag, einer Kugel aus Stille; du wirst aber bemerken, daß das Wort »Kugel«, das ich zuletzt gebrauchte, nicht notwendig darauf hinweist, daß diese Kugel am Sein teilhat; es könnte auch der Begriff einer Kugel sein, der im übrigen mit dem Nichts verwandt ist, von dem ihn nur die Begrifflichkeit der Form unterscheidet, die in gewisser Weise der Verschwiegenheit entspricht, die das vermeintliche Nichts vom absoluten Nichts unterscheidet. Das, was die Kenner zu Feinschmeckern des Wahnsinns macht, sind eben diese rhetorischen Finessen, deren es in anderen Formen der Rede nichts Vergleichbares gibt. Und wenn dann auf das simultane Satzzeichen ein X folgt, dann muß ich zugeben, daß es sich um einen ungeschickten Versuch handelt, eine Weisheit wiederzuerlangen, von der man gehofft hatte, sie wäre aus der Rede des Wahnsinns getilgt; denn sowohl als Klang wie als Graphem ist das X überaus hinderlich und will im Grunde nichts anderes als dieses: erklären, daß die Frage als unsinnig erkannt wird, und damit als unterdrückt oder verbannt – an einem Ort gehalten, wo die Frage in sich selbst zusammenfällt. Auf das X folgt ein leerer Raum, der dort auch nicht fehlen darf – zur Erleichterung der Transkription. Jetzt überkommt mich eine unwiderstehliche Lust, mir vorzustellen, daß dieser Zwischenraum eine unaussprechbare Stimme beherbergt, einen Gedankenstrich oder ein Sternchen – kurzum, einen Augenblick der Stille, der völlig anders ist als die freiwillige Stille des ;. Und wirklich: ob es nun ein Gedankenstrich oder ein Sternchen ist oder auch nur der allgemeine Wunsch, einen neuen Absatz zu beginnen – diese Stille ist nicht als vorsätzlich zu betrachten, sondern eher als eine Stille, der man gerade in dem Augenblick begegnet ist, als sich die Frage formulierte – eine Stille, die zwar in den Regeln der Befragung blieb, die aber nicht gewählt worden war, außer wie man notgedrungen etwas wählt, wenn man die Wahl trifft, zu fragen, denn es gibt auch Stillen, welche von Wahlen abstammen, die wir als verbal ansehen und erdulden müssen, weil wir ihnen in unvorhergesehener aber schicksalhafter Weise begegnet sind. Also: zwei Stillen begegnen sich in dieser winzigen Äußerung, aber nun folgt ein Ausruf, den man als Bewegung der Stimme verstehen muß, ohne Vokale und Konsonanten, ein rein musikalisches Sich-Aufbäumen, gewiß ein vornehmes Zeichen des Wahnsinns. Aber wofür ist er wohl ein Zeichen, jener Ausruf, der mit der Niedertracht, der Aufforderung zur Mittäterschaft und zwei entgegengesetzten Stillen gemeinsam existiert? Wenn ich die Stille neben den Ausruf setze und annehme, ich hätte es mit einer schicksalhaften und exklamativen Stille zu tun, dann kann ich auch annehmen, dieser Ausruf sei ein schweigender Schrei, ein Stilleschrei, eine Erklärung der Ohnmacht; doch man vergesse nicht, daß alle Stimmen und Stillen gleichzeitig sind, weshalb der Ausruf alle Zeichen unwiederbringlich verändert, indem er ihnen eine Beschleunigung aufzwingt, die weder Frieden noch Waffenruhe noch Sinn zuläßt – ein reiner Überfall der Geschwindigkeit der Verzweiflung und der Wut im Inneren einer Handvoll unentwirrbarer Stimmen und Stillen; und man beachte auch, daß das Bewußtsein des Ausrufs sich mit einem U vermischt, welcher Buchstabe, wie ich vermute, die endgültige Verwandlung des Wahnsinns in ein mörderisches

H-u-u-u-u ausdrücken soll – das Wutschnauben eines stimmlichen Universums in einem schweigsamen Universum. Der Wahnsinn existiert also zusammen mit der verwickelten Verschwörung der Vernunft, und die Rede des Wahnsinns verschmäht es nicht, die methodischen Vorsichten der konfiszierten Sympathie, die Einflüsterungen der Verführung und sogar das billige Augenzwinkern des Bordellbesuchers zu benützen – eines Bordells der Syllogismen natürlich. Ich möchte nun aber nicht, daß dir bei der Rede des Wahnsinns etwas Neues und für mein und vielleicht auch dein Gefühl, wenn du gut achtgibst, ungemein Aufregendes nicht entgeht. Es handelt sich in der Tat um dieses: während die Reden des Schlafs, des Wachschlafs und des Deliriums in bezug auf die Bedeutung peripher waren, kann man die Rede des Wahnsinns gerade deshalb ungestraft so definieren, weil sie mit der Sucht nach Bedeutung zu tun hat. Kurzum: obwohl die Rede des Wahnsinns – wie jede andere Rede, die ihr vorausging und vermutlich auch jede, die ihr noch folgt – keine Bedeutung beherbergt, hat dieses Fehlen von Bedeutung dennoch mit der Bedeutung zu tun; kurzum, die wahnsinnige Rede besitzt das, was die Professoren »Inhalt« nennen, und es wird wohl wahr sein, daß dieser Inhalt mit Nichts verseucht ist, ebenso wie es wahr sein wird, daß dieses Nichts, das ihn verseucht, irgendwie seinerseits, wie wir schon sagten, von der Verschwiegenheit verseucht ist. Kurzum: besagte Rede bedeutet nichts, obwohl sie mit der Bedeutung zu tun hat; und in der Tat, wenn du mit jener Sorgfalt zuhörst, die dir aus dem Bewußtsein erwächst, daß dein Hören nicht als unverzichtbarer Teil der Stimmlichkeit vorgesehen ist, dann wirst du bemerken, daß die Stimmen, auch wenn sie niemals auch nur die bruchstückhafte Anmut einer Silbe, geschweige denn die kleinliche Würde eines Worts erreichen, in diesem ganzen Gefieber von Stillen und Ausrufen und Fragen hartnäckig darauf bestehen, etwas zu sagen – was von einem didaskalischen Standpunkt aus wirklich kurios erscheint, auch wenn es in keiner Weise möglich wäre, mit besagtem Sermon eine tägliche und sinnvolle Zusammenarbeit herbeizuführen, mit anderen Worten das Ende der nächtlichen Sprache, die ja die einzige Sprache ist, die uns bei dieser Rast zu kennen erlaubt ist, auch wenn diese Sprache unzählige Eigenschaften oder wenigstens Verhaltensweisen zeigt, die es gestatten, sie mit analytischer Behutsamkeit zu behandeln. Man beachte weiter, daß die Rede des Wahnsinns Raum für zahlreiche rhetorische Finessen bietet, wie etwa die Anapher, den Chiasmus, das Oxymoron, das Homöoteleuton, ja sogar die Tmesis, was gar nicht möglich erscheint, da es sich um das Zerbrechen eines Worts in einer Rede handelt, in der es gar keine Wörter gibt, aber vielleicht, wie ein plötzliches Auftauchen einer Versuchung im Bereich eines präverbalen Zustands, ein Beharren des Begriffs »Neuer Absatz« in einer Rede ohne Pausen – ungefähr so wie gewisse wiederholte wenn auch gänzlich unsinnige Kadenzen wie etwa H,), + den melancholischen Liebreiz eines schicklich gefühlvollen Reims besitzen. Wenn in der Tat das Reimen von zwei Klammern eine große rhetorische Feinheit ist, die auch eine Fülle von Anspielungen auf Bedeutungen zu enthalten scheint – natürlich ungreifbar und vielleicht noch nicht einmal geargwöhnt – so ist auch doch schon zu viel Scharfsinn auf diese rednerischen Spitzfindigkeiten verwendet worden, als daß nicht irgendeine begriffliche Nachsicht darin walten müßte. Du wirst natürlich auch weiterhin fragen, wer diesen ganzen linguistischen und phonetischen Rummel veranstaltet hat, aber du wirst nun auch begriffen haben, daß dieses Reden, das keine Füße, keinen Geruchssinn, keine Systolen und Diastolen, keine Exkremente und kein Geschlecht zu haben scheint – daß dieses ganze Gerede eine reine Stimmübung ist, die eine illusorische Seinsdichte zu besitzen scheint, sei es weil du ihr zuhörst, sei es weil sie sich einen Gesprächspartner erfindet, den sie im Akt selbst des Erfindens mit der zweideutigen Eigenschaft der Inexistenz ausstattet, die offensichtlich nicht die Eigenschaft des Nichts ist, das ja gar nicht erfunden zu werden braucht, während das Inexistente mit dem Existenten blutsverwandt ist und sich auch nicht von ihm lösen kann, aber sicherlich von ihm gezeugt werden kann und muß. Eine verbale Zeugung, denn das einzige Geschlecht des Worts liegt darin, daß es Gegenstand der Modulation ist – ich wage nicht zu sagen der Aussprache, denn dieses Wort vernachlässigt die unerhörte Agglutination der Phonophrenie. Ich habe dich auf die implizite unmögliche Begrifflichkeit der wahnsinnigen Rede hingewiesen, aber nun sollte dir auch nicht entgehen, daß diese Begrifflichkeit nicht eigentlich beabsichtigt ist, sondern vielmehr geargwöhnt – ich glaube, das ist das passende Wort – im Inneren der Klänge, der Stillen und der Interjektionen; dasjenige, was wahnsinnig ist und wovon ich dir jetzt sprechen möchte, ist wahnsinnig, weil es in den Klängen bedeutungsvolle Absichten findet, die ihm unerträglich sind. Doch das ist noch nicht alles: die Frage »Wer ist was«, die sich immer stellt, erscheint jetzt ganz besonders alarmierend. Jetzt verschwindet nämlich die Fiktion von der Einzigkeit des Sprechers; im Grunde hatte es sich immer nur um eine Fiktion gehandelt, oder genauer gesagt: es hatte geheißen, die Aussagen wären so geartet, daß sie auf die Hypothese eines einzigen wie sehr auch immer über sich selbst verblüfften und verwirrten Sprechers verwiesen – vielleicht eines schattenhaft verlängerten Sprechers, Echos seiner selbst, Erinnerung und Projekt, beide fähig zu doppelter Fluktuation. Aber jetzt besteht kein Zweifel mehr: die Rede des Wahnsinns setzt eine Menge von Stimmen voraus, was nicht heißen muß eine Menge von Sprechern, sondern eher ein gleichzeitiges Sprechen aus vielen Mündern, wenn wir metaphorisch glauben wollen, es gäbe einen Mund, eine Menge Zungen, eine Menge Atemstöße, eine Menge Stimmöffnungen und vielleicht auch eine Verzweigung von Grotten, aus denen Stimmen dringen. Ja, diese letzte Definition erscheint mir seltsam und nicht sinnlos, denn sie schlägt eine Vorstellung des Sprechers vor, die man bisher vernachlässigt hatte: nämlich daß es sich nicht um ein dir ähnliches Wesen handelt, das in der Nacht des Dorfes wohnt, sondern vielmehr um eine Landschaft, die geeignet ist, Stimmen zu äußern, sei es durch Löcher in zerklüfteten Felsen, durch Ritzen in dürren Bäumen, erschauernde Brunnenschächte, erdige Gänge, sei es durch flötenförmig zugeschnitztes Gebein, dem der Wind sich zuspielt, oder durch eben diesen Wind, der überall abprallt und den rauhen, herben, gläsernen und flüssigen Oberflächen weiche Vokale oder stotternde Konsonantenverzweiflungen entlockt. Ich weiß, daß diese Beschreibung die eifernde Forschung zu der Frage treibt, ob eine derartige Landschaft wirklich eine Person sein kann, und wenn nein, ob wir nicht einer mittelmäßigen anthropomorphen Phantasie ins Netz gegangen sind, wenn wir glauben, sie sei zu Befragung, Verschweigung und Wahnsinn fähig? Aber im Grunde glaube ich, daß das Problem nicht mit Sorgfalt gestellt ist, denn man sollte, meine ich, nicht vergessen, daß es die Menge der Stimmen ist, die den Sprechenden über sich informiert, und wenn die Stimmen eine Landschaft glaubhaft machen, die in das Sprechen verwickelt ist, dann gibt es keinen Grund, sich gegen diese bizarre aber nicht unvernünftige Definition zu sträuben. Hast du im übrigen nicht bemerkt, daß keine Zeichen von Lustwandeln, Entleerung oder Wollust vorhanden waren, und daß du in keinem Fall in der Lage warst, jene ferne oder auch nahe Stimme zu deuten: ob sie sich näherte oder entfernte, ob sie dich wahrnahm, ob sie dich suchte, ob du ihr entfliehen oder mit ihr zusammenarbeiten solltest. Es scheint sicher, daß diese Beschreibung, auch wenn sie bizarr ist, einige beunruhigende Eigenschaften der Stimme erklären kann, aber es bleiben, wie du mir andeuten möchtest, andere recht gewichtige Unklarheiten: zum Beispiel, wieso es denn immer geschieht, daß du dich nie an dem Ort befindest, an dem die Worte geschehen. Doch bedenke: wenn du dich an jenem Ort befändest, dann wäre es unvermeidlich, daß du selbst Ort der Worte würdest, und dann gäbe es deine Aufgabe als Hörer nicht mehr, die für die Geschichte der Stimme grundlegend erscheint. Aber ich möchte dich jetzt darauf hinweisen, daß in diesem Augenblick die Zerstückelung der Stimmöffnungen zelebriert werden muß, wobei wir das Bild der Felsen- und Höhlenlandschaften als grundschulhaft rhetorische Anschauungstafel benützen können, um eine noch unbekannte und meiner Ansicht nach außerordentlich interessante Lage zu beschreiben; denn wenn es wahr ist, wie es den Anschein hat, daß die Stimmen vielfach sind, dann sind sie womöglich Inhaber von allmählich immer unterschiedlicheren aber nicht widersprüchlichen Wahnsinnen; warum also sollten wir, wenn der Wahnsinn sein Vorzeichen ändert, im Inneren des Gewirrs nicht auch Stimmen und Silben und ein Krakeelen phantasieren oder voraussetzen – denn es handelt sich doch hauptsächlich um ein Krakeelen – wobei es unmöglich ist, nicht zu bemerken, daß ein fortgesetztes Krakeelen auch der Beginn einer Dialektik sein könnte. Wenn ich hier das Wort Dialektik gebrauche – in einem Kontext, in dem man vermutet, daß eine Demenz sich von einem erdganghaften Verstand formulieren läßt – dann tue ich das natürlich deshalb, weil ich gern eine fröhliche Dyskrasie schaffen möchte, das Gefühl eines unerträglichen Schabernaks; aber es amüsiert mich auch, dich in einem Augenblick relativer Entspannung glauben zu lassen, daß alles, was gerade geschieht, mit einer Vernunft behaftet ist, die uns in anderen Fällen dazu verleiten könnte, von einer Koinzidenz des Realen und des Idealen zu sprechen, oder in diesem Fall von einer Kongruenz des Krakeelens und der Bedeutung, oder auch von der objektiven Kohärenz der Welt als Ort der Retrokreation des Krakeelens, womit ich meine, daß das Krakeelen dasjenige erschafft, was du – lange bevor du dein Zelt in diesem Dorf und dieser Nacht aufschlugst – in Augenblicken gedanklicher Obszönität das Reale nanntest. Aber ich möchte dich nicht weiter mit Reden anöden, die etwas lächerlich Professorales haben, sondern dir nur bedeuten, daß das Krakeelen – hör genau zu – daß das Krakeelen sich in viele Stücke zerteilt, weshalb es nicht nutzlos wäre, sich – nicht ohne Zittern – anzuschikken, ihm zuzuhören. Aber bevor dieses Zuhören beginnt, kann ich mir eine elementare, oberflächliche Untersuchung nicht ersparen – über die Art wie du zuhörst, in diesem Augenblick oder seit jeher: mit Beklemmung? Vermutlich ist das ungenau, obwohl ich ein Unbehagen in dir spüre. Sagen wir lieber, du hast dich an die Angst – die Angst, hier zu sein gewöhnt. Die Angst ist nicht verschwunden, nein, ganz und gar nicht; aber sie ist ein Merkmal von dir geworden, so daß du, wenn du dich gänzlich ohne Angst entdecktest, als Erster erstaunt und – man verzeihe mir die Banalität – erschrocken wärest über dieses Fehlen von Angst, in dem du dich nicht wiedererkennst. Aber die Angst – warum es leugnen – zehrt; die Angst ist angstschaffen: sie macht Angst und hat Angst. Die Angst verfolgt, die Angst flieht; die Angst lauert dir auf und zieht sich zurück; die Angst erforscht deinen Körper dort, wo du überaus verletzlich bist, um dich zu zerstören; aber die Angst fürchtet die Berührung deiner eisigen Hände – erstarrt in der Angst vor der Angst. Ein langer Aufenthalt an diesem ungenauen und eigensinnigen Ort hat dich daran gewöhnt, das Sein zu versuchen – es Leben zu nennen wäre wahrscheinlich ungenau. Dieses ungesunde Beharren auf dem Sein bewirkt, daß du beständig Schlauheit üben mußt, um Formen der Ereignisse abzuwenden, die du weder lenken noch bestehen noch begreifen kannst. Denn im Grunde begreifst du von diesen Ereignissen gar nichts. Aus jenen Geräuschen von Tropfen und instabilen Türen konstruierst du ununterbrochen Märchen – ebenso einfallsreich wie unglaubwürdig, voller erstaunlicher Begebenheiten, phantasiereicher Fristen, liebevoller Anspielungen auf unbekannte Aussichten – aber vor allem unaufhörlich mit Schrecken durchtränkt. Die Tür kann der Eingang zum Hades oder zur Folterkammer sein; und der Tropfen – ist er nicht einc berühmte und anerkannte Tortur der Virtuosen im Verhängen des Todes? Ein zustaubwerdender Ziegel spielt auf einen Erdhügel an, der sich langsam ausdehnt, bis er alles ergreift, was ist. Aber im Grunde gibt es gar kein Geräusch und keine Weise, die nicht zu einer Rede über die Zerstörung berechtigt. Vielleicht hattest du dir von den himmlischen Modulationen jener gläsernen und leise bekümmerten Klänge etwas erhofft? Gewiß hattest du dir etwas erhofft; und nun sag mir: ist das nicht eine unerträgliche Lage? Denn wenn du hoffst, darfst du nicht einfach hoffen, sondern mußt auf die Hoffnung hoffen. Und weil diese zweite Hoffnung etwas gänzlich anderes ist und mit der ersten unvergleichbar, wirst du die erste Hoffnung sehr gut hegen können, während die zweite Hoffnung zugleich nichts anderes ist als eine ebenso schlaue wie nutzlose Form, die Hoffnung selbst zu negieren – d. h. eine Form von Verzweiflung, die ganz aus einer Art von Hoffnung besteht, die zu ferngerückt ist, um noch greifbar zu sein – ein Asteroid, der seinen Lauf in unerforschlicher Ferne gewählt hat. Also: die Verzweiflung ist nicht nur mit der Hoffnung nicht unvereinbar, sondern die Anwesenheit der Hoffnung erzeugt auch eine ihr eigene spezifische Verzweiflung – eine Verzweiflung die du nicht kenntest, hättest du dich nicht den meistenteils mittelmäßigen Phantasien der Hoffnung überlassen. Und schließlich hat jene Mischung von Angst und Verzweiflung, in der du dich wiedererkennst, dich dazu angeregt, dasjenige zu interpretieren, was wir der Einfachheit halber Stimmen genannt haben; ich sage das, weil ich jene Stimmen oder was immer es sei nicht auf pädagogische Art definieren möchte, denn eine derartige Definition könnte die Phantasie deiner Angst beschneiden. Wurdest du in jenen Schlaf, der allmählich verfiel, hineingezogen, oder hat er dich nur leicht gestreift? Ich glaube nicht, daß irgendeine Definition diesem Miteinander von Entsetzen und Aufregung gerecht wird, das dich sicherlich gepackt hat; denn wenn die himmlischen Klänge etwas Erhabenes und Metaphysisches hatten, dann mußten diese sogenannten Stimmen dir unweigerlich Hoffnung geben – Hoffnung noch einmal auf eine unterbrochene oder aufgehobene oder beendete oder gestundete Einsamkeit, ja sogar auf den Beginn eines Dialogs. Doch diese Hoffnung, ich möchte wahrhaftig nicht sagen bekämpft, aber packt und umklammert eine ihr eigene spezifische Verzweiflung, die viele und schöne Hirngespinste hegt: sie, die Besagte, sei die unergründliche Illusion eines unmöglichen Zwiegesprächs – aber eine verhängnisvolle; sie sei, die Besagte, die Illusion einer Unterhaltung mit demjenigen der oder demjenigen das nur jene harschen und unzusammenhängenden Töne äußern kann; sie, die besagte Illusion, führe schließlich zu der Illusion, daß dort etwas dir Ähnliches sei, wo nur etwas gänzlich Fremdes und unermeßlich Andersartiges ist; doch betrachten wir auch, wenn das gestattet ist, die Hypothese, daß dasjenige, was da tönt, dir ähnlich sei, und zwar ähnlich in einem Maße, daß es nicht mehr möglich ist, dein Hören von jenem Krakeelen zu unterscheiden. Und was geschieht dann? Wird das Krakeelende nicht von einer Angst befallen werden – einer beklemmenden Hoffnung und Verzweiflung zugleich? Werdet ihr nicht entzweit sein durch diese gegenseitige Täuschung – das Grauen des zu gleichen Teilen aus Einsamkeit und Liebe hervorgegangenen Betrugs? Und werdet ihr nicht abstoßend sein füreinander durch eure Hoffnung und die dazugehörige Verzweiflung? Euer Euch-Lieben und die Verzweiflung an dieser Liebe, die euch vereinen möchte, wird euch also entzweien. Ist es deshalb nicht besser anzunehmen, ihr wäret euch unerträglich fremd, ja nicht einmal das, sondern nur einfach anders – verschieden und ahnungslos und dazu bestimmt, es zu bleiben, auch wenn du dem Krakeelen zuhörst und die Krakeelenden fallen dem Zufall des Gehörtwerdens anheim. Ganz sicher wird diese Lage nicht frei sein von Entsetzen und Beklemmung und einer bestimmten Form von Angst, die ich vielleicht ahne; so wie die Angst vor etwas, das uns nicht kennt und trotzdem nicht ohne Beziehung zu uns ist, auch wenn niemand sagen könnte, um was für eine Beziehung es sich handelt und welche Beziehung du selbst zu dem Krakeelenden unterhältst; aber eine Beziehung ist da. Und wenn nun gerade diese teilnehmende Fremdheit das Wesen der Beziehung wäre, die zu unterhalten möglich ist – ja vielleicht sogar die Beziehung schlechthin – in gleichem Maße aus Gier und Irrtum, Distanz und Juxtaposition geformt? Wenn die Beziehung ein Loch, eine Leere oder eine Lücke wäre – unerforschlich und finster, aber vor allem zerstreut – ein Entsetzen, das in keiner Weise entsetzt? Man kann auch unmöglich eine Eigenschaft übersehen, die ich als Anreiz für diese Situation zu definieren wage: daß du dich nämlich von dem Ort in dem Ort, an dem du untergebracht bist, nicht wegbewegst; du machst keine Gesten, gibst keinen Laut, um mit irgendjemand in Verbindung zu treten, der sich anderswo aufhält, aber nicht zu weit von deinem Ort entfernt; nein, du bewegst dich nicht und weißt auch nicht wirklich, wo jenes Etwas, das klingt, sich befindet; und auch das, was, wie wir schon sagten, klingt, bewegt sich nicht, auch nicht durch Zufall, wie es bei Wesen, die außer zur Stimme auch zur Bewegung fähig sind, geschieht. Wir können vermuten, daß die zur Stimme fähigen Wesen nicht fähig sind, sich zu bewegen – ähnlich wie singende oder stimmliche Steine oder Bäume; aber wenn sie, sagen wir, ein Wind oder ein Tier oder etwas dir Ähnliches wären, dann könnten sie sich bestimmt bewegen – auch zufällig – und sich bewegend könnten sie dich entdecken oder in der Nähe des Ortes, an dem du dich aufhältst, vorbeikommen und sich entdecken lassen. Zu erklären bliebe indes noch dein Widerwille, dich zu bewegen; und wenn wir dein Lauschen und ihr Tönen nebeneinanderstellen und in beiden die Nähe, die Ferne und die Distanz – die Ferne verstanden als das, was mit dem Bewußtsein der Liebe und ihrer Verzweiflung einhergeht, die Distanz als das, was von der Fremdheit und der Zerstreutheit kommt – dann können wir vielleicht annehmen, daß ihr alle zusammen – du und die Besagten – ein System bildet, eine inkongruente aber formell funktionierende Maschine – ich sage formell, denn sie hat, diese Maschine, keinerlei Sinn oder Zusammenhang oder Wert oder Funktion, ja sie bewerkstelligt überhaupt nichts, ist aber dennoch irgendwie betriebsam und erfährt sogar Schäden und Bewegung, ist kurz gesagt ein Motor, dem keinerlei Nutzen oder Handlung entspricht – etwas, das weder agiert noch funktioniert, aber trotzdem als Maschine funktionell ist. In einem solchen Falle wäre euer gegenseitiges Unbekanntsein nichts Zufälliges, sondern etwas, das mit der Aufgabe der Maschine zusammenhängt – einer Maschine, die Distanz und Lücken erzeugt, oder auch Formen des Nichts; und du wirst nicht erstaunt sein, wenn ich sage, daß das Nichts verschiedene Formen hat, denn man weiß ja, daß nur dem Nichts gestattet ist, unbeschränkt polymorph oder pantamorph zu sein. Man kann sich diese Maschine aber auch als ein enantiodromes System vorstellen, d. h. daß jeder ihrer beiden Pole dem anderen entgegenwirkt, oder genauer gesagt, daß die Bewegung dessen, was zuhört – und das bist, wie wir gesehen haben, du – dazu dient, jedwede Stimme zu löschen; und dann wäre nichts anderes mehr da als der verstummte Versuch zu tönen eines sich rasch auflösenden Schattens. Doch sieh: was geschähe, wenn dasjenige, was Laut gibt, sich bewegte und dorthin gelangte, wo du bist? Würdest du dann nicht als das Nichts erkannt? Nun kann jeder von euch das Nichts im System des anderen sein, aber dieses Nichts wird nicht anerkannt und gefeiert, solange keiner der beiden Pole den anderen als Nichts erkennt – Nichts natürlich im eigenen System; aber gibt es denn ein anderes Nichts? Solange ihr euch also nicht bewegt und als inexistent im Bereich dessen entdeckt, was jeder ist, besteht zwischen euch eine Art schrulliger und unmöglicher Beziehung – unintelligent aber nicht inexistent; diese Beziehung hält indes nur stand, wenn sie nicht bestätigt wird; eure gegenseitige Unbeweglichkeit ist also nötig für die Fortdauer der

Ferne und der Distanz; und das, was du zu finden fürchtest, ist nicht etwa etwas Grausames oder Schreckliches, sondern einfach jenes Nichts, das im übrigen erst dein Es-Entdecken in Gang bringt, mit einem Wort das etwas ist, auch wenn man es in keiner Weise erklären kann, es sei denn in der Weise und in dem Augenblick, wo du – prüfend, was es wohl sei – einherkommst, um sein Nichts in Gang zu setzen und so die endgültige Dauer der Stille zu bestimmen – ebenso wie die Entdeckung deines Nichts durch den anderen ihn dazu verurteilen würde zu wissen, daß es kein Zuhören mehr gibt und nie mehr eines geben wird, auch wenn wohlbemerkt niemand behaupten könnte, daß es jetzt ein Zuhören oder auch ein Tönen gibt, denn das Zuhören könnte auch eine Angst der Stimme sein und die Stimme ein Hirngespinst des Hörens. Es scheint also, als wären deine Seßhaftigkeit – ein Wort, das die studierfreudige Liebenswürdigkeit deiner Panik nicht ohne Eleganz hervorhebt – und das zerstreute Zögern der anderen Sache so etwas wie steckbriefliche Daten deiner und seiner Physiognomie – etwas, wovon man nicht weiß, ob es existiert, bei dem nicht wahrscheinlich ist, daß es existiert, bei dem wahrscheinlich ist, daß es nicht existiert, das aber jedenfalls diese und keine anderen Kennzeichen hat, und beschrieben wird – welch unsinniges Wort – von jemandem, der es könne – man beachte die Verwirrung der verbalen Modi! – aufgrund jenes Katalogs von Klängen, Stimmen, Schreien, Fragen, lückenhaften Ausrufen und leisen, ausladenden Abschweifungen. Nehmen wir nun an, daß du – seit jeher und aller Wahrscheinlichkeit nach in deinen Winkel des nächtlichen Dorfs gekauert – nehmen wir an, sage ich, daß du – einem Forschungsdrang folgend – dich bemühst, eine Karte zu zeichnen, eine Geometrie der Stimmen. Könntest du dann nicht einen geistigen Raum entwerfen, eine Seelengeometrie, auf der die Orte jener Stimmen einzuzeichnen wären, die du als zornig beurteilst – das Stöhnen und Röcheln, die stimmlichen Inquisitionen, die skandierten Erwiederungen, die grollenden Glockenschläge, die feindseligen Metallophonien und die rechthaberisch einschüchternden Reden. Also: das, was da tönt, ist ein Raum, der eine Menge Münder, Löcher, Kehlen, Zungen, Schnäbel, Zähne und Zäpfchen voraussetzt; dabei sei klar, daß das mit der geographischen Stimmenkarte nichts weiter ist als eine Phantasie, die vorgibt, über jenes Getöse, das wir als wahnsinnig beschrieben haben, Auskunft zu geben. Wenn nun die ins Klangliche übertragene Geographie solchermaßen zerlegt wird, dann haben wir nicht mehr einen einzelnen polyphonen Wahnsinn, ja vielleicht überhaupt keinen Wahnsinn mehr, oder viele parallele Wahnsinne, oder viele Sinne, so zusammengestellt, daß sie unweigerlich irgendeine Form von Wahnsinn ergeben. Aber wenn wir die fertiggestellte Karte der Schreie geistig überfliegen, ebenso wie wir sie geistig gezeichnet haben, dann werden wir bemerken, daß einige dieser gellenden Örtlichkeiten andere Stimmen, andere Rhythmen und wie ich glaube, oder wie du glaubst, auch andere Absichten haben. Und da fordere ich dich nun auf, mit scharfer Brutalität gegen diese Stimmenkarte vorzugehen und alle Stimmen zum Schweigen zu bringen, die du zum Schweigen bringen kannst; und da wirst du bemerken, daß es Stimmen gibt, die du nicht zum Schweigen bringen kannst, jetzt nicht und nie. Sind das vielleicht deine

Stimmen? Stimmen, die du selbst entworfen hast, um sie für den einen oder anderen Punkt deiner abstrakten Kartographie vorzuschlagen, von der man nur soviel sagen kann: daß sie, da sie sich mit keinem Gebiet oder Heimatland des Lärms vergleichen läßt, und aufgrund deines Widerwillens, dich von dir selbst zu entfernen, oder wegen der anzunehmenden inneren oder auch gänzlich symbolischen Abwesenheit jenes lärmenden Landes – daß sie, ich meine die Karte, gültig ist, ebenso gültig wie der Traum und das Windgekritzel im Sand und die Maserung des im Winde vertrockneten abgefallenen Blatts. Wenn also die auf der Karte wie Flüsse, Städte, Berge, Sümpfe, leones eingezeichneten Stimmen deine eigenen Stimmen sind, auch wenn sie jetzt, auf der Karte deponiert, eine Geschichte haben oder wenigstens eine Chronik, dann kann dir geschehen, daß du sie nicht mehr löschen kannst, oder es geschieht vielleicht, daß manche zu kraftstrotzend und mißtönend sind, als daß du dich ihnen zu nähern wagtest. Wenn du also auf der Lärmkugel schlagartig Stille schaffst, dann wirst du bemerken, daß dieser Lärm einfach und klar wird und daß von tausend Klängen nur eine Stimme fortklingt – diejenige, die du gerade hörst. Und sie ist, diese Stimme, ein widerwärtig beteuerndes Organ, und die Stille, die sie umgibt, könnte letztlich gar nicht auf deiner mutmaßlichen und gänzlich hypothetischen Wahl beruhen, sondern auf einer Art lähmendem Schrecken, der die Kraft der Stimme umgibt. Denn die Stimme spricht ganz zweifellos von Kraft – einer großen und schrecklichen Kraft; einer schändlichen Kraft, wäre die Modulation dieser Stimme nicht von der Ideologie durchdrungen, die Stimme der Kraft müsse das Bewußtsein einschließen, nur ihre Schändlichkeit mache sie zur absolut verfolgbaren und erreichbaren Kraft. Es wird also nicht genügen, daß die Kraft sich als reine Macht darstellt – eine Eigenschaft, die vielleicht mit Klugheit, Ausdauer und Scharfsinn regiert, freilich ohne Mitleid, aber auch jeglicher Unbarmherzigkeit fern. Nein, ganz gewiß nicht: die Kraft geht über den begrenzten und verdächtigen Bereich der Macht hinaus, ist vielmehr pure Übertretung, und wenn ich sie nicht als Gewalt bezeichne, dann offenkundig deshalb, weil die Gewalt etwas ist, das sprunghaft handelt, nicht ohne Einbrüche und Ausfälle, während diese Kraft ununterbrochen wirkt und keine Stockungen, Verzögerungen und Beschleunigungen erfährt. Wenn du mit jener akkuraten Aufmerksamkeit zuhörst, die dein Gehör im Lauf der Jahrhunderte entwickelt hat, dann wirst du bemerken, daß die Stimme dieser Kraft über jeder stimmlichen Ebene liegt, die die Existenz der anderen Stimmen erträgt; trotzdem wirst du, wie ich vermute, auch dieses bemerken: daß die Stimme der Kraft zwar Spenderin des Schreckens ist, den Schrecken aber auch in sich birgt und darum eine gespaltene Stimme ist – erschreckend und erschrocken zugleich; auch könnte die Kraft in ihr nicht so groß sein, wenn sie nicht an jener Zerfleischung litte, die sie unaufhörlich mit ihrem extremen Wohlklang lindert. Dieses Extrem der kraftvollen Stimme ist – und möchte es sein – eine beständige Gefahr, eine Herausforderung des schwierigen Gleichgewichts der Dinge, die zu existieren versuchen; aber selbst wenn, was möglich ist, nichts mehr versuchte zu existieren, wenn alles, was zu existieren scheint, nichts weiter als ein Schattenprojekt wäre, dann würden auch noch diese Schatten von der Kohärenz der Stimme herausgefordert werden und noch mehr von ihrer Inkohärenz. Diese Stimme liegt also außerhalb des Raums, über den deine Karte Auskunft gab, und das mag auch erklären, warum du letztlich die Partitur dieser Stimme in keiner Weise auslöschen oder entwerfen könntest. Tatsächlich ist diese Stimme auf keine Karte zurückführbar und auch mit keinerlei Maßstab meßbar, ja sie ist sogar Drohung und Falle für alles, was sich auf irgendeinen graphischen Entwurf beruft. Auch wenn sie, diese Stimme, keine Stimme der Demenz ist, ist sie in vieler Hinsicht weit beunruhigender als der Wahnsinn; und obwohl sie innerlich gespalten ist, stimmt es auch, daß diese Spaltung als Erklärung und Nahrung der Kraft besteht; würdest du wagen zu behaupten, daß diese Stimme unglücklich sei? Das ist sicherlich möglich und auch wahrscheinlich; trotzdem scheint es nicht ihre definitive und definitorische Qualität zu sein, sondern eher eine zusätzliche Qualität der Kraft – dasjenige, was sie unfähig zu Liebreiz und Erbarmen macht, zu nichts anderem begabt als zum Schrecken, von dem sie sich nährt und den sie spendet, obwohl dieses Wort nicht genau ist, aber auch nicht ganz unangebracht, denn in dem was wir Schrecken nannten, ist ein Element von Gabe und gleichzeitig ein Element von aktiver, berechneter Zersetzung. Sollen wir sagen, daß diesem Zersetzung-Schenken eine gewisse Großzügigkeit letztlich nicht fehlt? Aber nicht so sehr dieses wollte ich sagen, als vielmehr, daß jene Stimme mit einer königlichen Eigenschaft ausgestattet ist – einer brutalen und prunkvollen Souveränität. Aber diese Souveränität hat etwas Seltsames an sich: aufgrund ihrer schrecklichen und nicht geographischen

Natur kann sie über keinerlei Länder oder Untertanen gebieten; sie ist Herrscherin über die Geometrie, über die Zeichnung der Nacht, ja über die Nacht selbst, in der du kauerst; und vielleicht – aber das ist nur eine vergnügliche Phantasie von mir – bist gerade du, kein anderer als du, der Untertan und die Kolonie, das Königreich und das Besitztum der Stimme der Kraft. Wäre das wahr, dann könnte es das natürlich nur folgendermaßen sein: daß du die Stimme entworfen und auch ihre Fremdheit gegenüber dem Entwurf mit eingeplant hättest, daß du ihre Kohärenz und in dieser enthalten auch ihre Fragmentierung gezeichnet hättest, und schließlich, daß du die Karte gezeichnet und dabei auch die Grenze berechnet hättest, von der aus sich in einen jeglicher Form abgeneigten Raum hinein eine Karte dessen erstrecken soll, was nicht auf einer Karte erfaßbar ist – also eine Hypothese, eine öde Anmerkung, eine in die Luft gebreitete, freilich völlig unbenützbare Zeichnung. Und desalb müssen wir auch zugeben, daß wie immer die Nacht beschaffen ist – sei es diejenige, die dich beherbergt oder diejenige, der du wegen ihrer Untauglichkeit für nächtliche Besuche fremd bleibst – daß es nicht unmöglich ist, daß die kraftvolle Stimme sich gerade im Raum der Nacht erprobt und dort ihren Schrecken und ihre Größe und das Grauen vor sich selbst exerziert. Und wenn ihr ein Unglücklichsein bestimmt ist, dann ist es ein freiwilliges, scharfes, geschicktes, starkes, kraftstrotzendes Unglücklichsein, ein Unglücklichsein, das über die Verdrießlichkeiten und Betrügereien der Macht und die Machtgier hinausgeht. Und wirklich scheint diese Kraft kein Verlangen nach Ausübung der Gewalt zu haben, sie strebt nicht nach Objekten und Projekten, sie verfolgt keine Ziele, sondern sie ist, in der Öde des jenseitigen Raums, reine Höhe der Kraft. Sie hat keine Armeen, denn sie ist selbst Armee, sie hat keine Völker, denn kein Volk könnte dem abstrakten Lärm dieser Kraft widerstehen, und sie hat schließlich keinerlei Geschichte, denn die Dialektik und die Zeit verkürzen und verknäueln sich, werden Dürre und Geraschel, trockene Berechnung der Longa und Brevia des Deliriums. Die Zeit flieht vor dem Vorrecht der Kraft, und wer weiß, gib gut acht, ob sie sich nicht an einen Ort zurückzieht, wo du, ohne ein Glied zu rühren – wo du, sage ich, die Natur ihres Schreckens entdeckst, des Schrekkens der Zeit, des Schreckens, den du nicht mit anderen Schrecken zu vergleichen wagst. Aber vielleicht ist die Stimme der Kraft auch kraft ihrer Spaltung eine Versuchung; und wenn es stimmt, daß die Zeit geflohen ist, dann ist noch nicht gesagt, daß an dem Ort, den die Zeit verlassen hat, nicht ein Platz existiert – auch er nicht auf der Karte erfaßbar – an dem sich eine Stimme entfalten kann – undenkbar wenn man die Stimme der Kraft nicht gehört hat, aber doch jedenfalls eine Stimme, die kohärent erscheint, soweit eine unendlich nicht binär gespaltene und gestutzte Stimme kohärent sein kann. Wohlbemerkt, diese Stimme braucht keinen Raum, sondern eine geometrische Figur, die sie enthält. Das kann ein Würfel sein oder auch ein Parallelepipedon – ein Bauwerk mit senkrechten Seiten, oben und unten geschlossen, auch wenn es an dem Ort, wo du ihn hinstellst, einen dreidimensionalen Raum gar nicht gibt. Du stellst sie, diese Stereometrie, in eine Art Luft, oder vielmehr einen Himmel, der sich nur darin vom Himmel unterscheidet, daß er keine zweigeteilte Kugel ist, sondern flach und völlig ausgebreitet und endlos fortgesetzt, so daß er keine Horizonte zuläßt. Wenn du nun einen dieser Himmel auslegst, und dann noch einen zweiten dazu, aber derart, daß zwischen Himmel und Himmel ein Abstand besteht, und dann noch weitere parallele Himmel, aber senkrecht zu den ersten, dann erhältst du eine geometrische Figur von grenzenlosem Umfang – ein Gebäude, wenn wir es einmal so nennen wollen, dessen Ausmaße nicht unterhalb der Vorstellung von der Welt liegen, die du dir in deinem verfinsterten Höhlengang gemacht hast; aber von diesen Himmeln existiert keine Karte; sie sind eine reine geometrische Erfindung, eine Vermutung der Seele, die sich nach Gebäuden sehnt, denen sie Stimmen entlockt; in diesem Fall – hör nur – die Lieblichkeit einer Stimme, die – mit welcher Geduld – etwas moduliert – vielleicht die Frömmigkeit einer Predigt, vielleicht ein Gebet; wirst du nun also sagen, dies sei die Stimme des Glaubens? Aber des Glaubens woran? Und was für eines Glaubens? Eines rettenden? Eines infernalischen? Und wenn eine Predigt – an wen gerichtet? An die Kraft? An die Gläubigen oder an die Ungläubigen? Du siehst, die Fragen häufen sich. In Wirklichkeit ist diese Stimme nur die endlose Modulation der Frage. Die Frage fasziniert. Sie lockt. Droht. Forscht. Fleht. Quängelt. Insistiert querulierend. Hör wie sie wimmert. Wie sie eine Kindheit vortäuscht, die ihr nicht zusteht: sie ist bejahrt, uralt. Hör, wie sie vorgibt, greisenhaft zu klingen. Sie ist intakt wie bei ihrer ersten Modulation. Sie mahnt, denn es gefällt ihr, sich eine Menge von leichtgläubigen Gläubigen vorzustellen, deren Glaube sich in ihr bestätigt. Obwohl jenes abstrakte Polygon gänzlich leer ist und auch nicht anders sein kann, da es im alltäglichen Sinn des Existierens nicht existiert, gefällt es dieser Stimme, Völker, Menschenmengen und Familien aufzuzählen, die unter ihrer Leitung Gesänge anstimmen – vielleicht kannst du sie hören, denn sie sind nur Manipulationen der fragenden Stimme – die ein Dank sein möchten für die Fülle von Sinn, der allenthalben die Geometrie überflutet, die der Frage vorangeht. Lobgesänge, Dankgesänge, Freudengesänge; denn das sind die stimmlichen Figuren, denen die verängstigte Oberflächlichkeit der Frage sich anpaßt; denn im Herzen der Frage nistet eine große Angst und nicht der schöne Schrecken der Kraft. Du wirst dich deshalb nicht wundern, unter den Stimmen des erbarmungsvollen und beharrlichen Gesangs eine dünne, schrille, schnelle und nicht selten stotternde Stimme zu vernehmen, die ununterbrochen spricht – unharmonisch und verbissen. Diese Stimme ist nichts weiter als ein hastiges Röcheln, etwas, das keine Atempause kennt und dir unverständlich ist; doch Hand aufs Herz: gab es unter den Stimmen, die du bis jetzt gehört hast, eine einzige, die dir verständlich gewesen wäre? Aber diese hat eine Eigenschaft, die die anderen nicht haben – oder irre ich mich? Sie ist die Stimme der Verhandlung. Sie ist aufmerksam, genau, stichhaltig. Advokatenhaft in ihrer Hartnäckigkeit; höfisch im Adel ihrer Akzente, was du der ebenso schönen wie raschen Silbenskandierung entnimmst; dialektisch, was deutlich aus der klaren wenn auch unverständlichen Artikulation jener Wortbehälter hervorgeht, in denen man sich Propositionen, Deduktionen, Prämisse und Schlüsse in einer scharfsinnigen syllogistischen Raserei vorstellen muß, deren Ziel die Überredung sein könnte, sofern jemand zu überreden da wäre, aber in Wirklichkeit kann niemand sagen, ob es jemanden zum Überreden in irgendeiner Weise irgendwo gibt. Deshalb kann die Definition jener verhaltenen Stimme auch keine andere sein als die, daß sie der Vorschlag für eine Verhandlung ist. Es kann zum Beispiel sein, daß man argumentiert, es sei möglich, auf einen Teil des Sinns oder auf einen erschöpfenden Sinn zu verzichten, vorausgesetzt es wird ein Sinnersatz geboten, und ich glaube, daß dieser Antrag – wenn man von einem Antrag sprechen kann – eine andere Stimme zum Gegenstand hat. Und es ist sogar keineswegs ausgeschlossen, daß die Stimme der Unterbefragung oder der argumentativen Sottovoce – sich tatsächlich – auch wenn du es nicht hören kannst – mit irgendeiner anderen Stimme unterhält, die nur sie wahrnehmen kann; du wirst aber bemerken, daß es in der Rede der fragenden Unterstimme in keinem Augenblick eine Pause gibt, und es ist deshalb anzunehmen, daß wenn eine andere Stimme existiert, diese zu der fragenden Stimme beständig parallel verläuft. Aber im Grunde ist diese Stimme, die nur eine Stimme hören kann, nichts als ein Märchen oder eine Marotte. Doch gewiß läßt die Befragung nicht davon ab, überall dort, wie wir schon sagten, beteuernd zu argumentieren, wo sie vorgibt, im Zentrum einer barmherzigen und freudigen Menge zu sein; oder zu schelten und zu drohen, mit schöner Dialektik, wenn auch eingeschlossen in eine der vielen Definitionen des Wahnsinns, sobald sie eine Art von Akkord vorschlägt – etwas, wodurch der Austausch der Stimmen keine sinnlose und unerträgliche Prozedur mehr wäre, sondern eine mögliche Hypothese einer Karte, die Idee für eine Kartographie von

Negation und Affirmation, ein Verzeichnis aller Formen von Stimmen, Geräuschen, Klängen und Gesängen, so angeordnet, daß eine Art gesangliches oder jedenfalls stimmliches oder wenigstens lärmendes Universum entstünde, aber nicht unerträglich für sich selbst; und daß man dir, dem Hörenden, eine nicht unnütze und nicht unerträgliche Aufgabe zuwiese – etwas zwischen Kartographie und Kartomanie – und daß dein Ruhen bei einer trägen und verängstigten Rast, dieses Nächtigen zwischen den zweifelhaften Zeichen eines zugleich verlassenen und übervölkerten Dorfs ein Ende hätte. Was aber wirklich zählt, ist die Tatsache, daß es in diesem himmlischen Polyeder eine Stimme gibt, die verteidigt, und sei es auch grundlos, zumal das Wahrzeichen aller Stimmen, aller Argumente oder besser gesagt aller Symptome der Befragung die Vergeblichkeit ist; denn sicher hat diese ganze unangenehme und irritierende Stimmlichkeit etwas Fiebriges, wie ein Eitern des Raums oder eine himmlische Verwesung, die Geraun und Getöse erzeugt – endlos. Und deshalb stellt die Karte, die du im Geiste entworfen hast, um das iterative Grauen der Stimmen in Schach zu halten, eine Art kosmischer Fieberkurve dar, ein Diagramm der Ekzeme, Infektionen, Tumoren, Eiterherde, Geschwülste, Verwachsungen und Abszesse – die sich dir alle als Stimmen offenbaren, ganz und gar Stimmen, und wenn diese Stimmen Wörter enthalten, angeordnet wie zu einer Rede, dann weißt du doch nicht und kannst auch nicht wissen, ob deine Aufgabe wirklich darin besteht, durch dein reines Hören für ihre Existenz auf der Stimmenkarte – oder auch außerhalb der Grenzen dieser Karte – zu garantieren. Jedenfalls wenn wir – womöglich irregeführt durch unsere Bereitschaft zum Hören – den Raum demultiplizieren wollen, um alles auf die anfängliche Dimension dieses Dorfs und dieser Nacht zurückzubringen – dieses weder großen noch kleinen und folglich so gearteten Orts, daß man ihn nicht messen kann, weil ihm jedes Vergleichsmerkmal fehlt. Es ist zum Beispiel schon eine Weile her, daß wir das letzte Mal vom Fluß gesprochen haben, obwohl eine Zeitlang das Fließen des Wassers – zugleich hoheitsvoll und ungenau – eine nicht unbedeutende Rolle in deiner inneren Geschichte gespielt hat. Wir sind uns darüber einig, daß es eine Brücke gibt, und stimmen auch darin überein, daß es sein kann, daß du schon jenseits der Brücke bist oder noch nicht in ihrer Nähe; wichtig ist nur, daß eine Brücke da ist. Wenn wir – verzichtend auf die großen Weltsynthesen, die immer im Geruch milder Philosopheme stehen – uns darauf beschränken, dieses Dorf zu betrachten, dann kann die Tragödie der geteilten Kraft auch das Märchen von einer ärmlichen Hütte sein, aufgeputzt zum Königsschloß, aber ohne ein Zeichen, daß sie ein Königsschloß sei, außer vielleicht in der zerstreuten Didaskalie eines delirierenden Geists. Stell dir also ein Ding vor, das gealtert ist, ohne irgendwelche Beeinträchtigungen durch Bewohner zu erfahren, oder das, wenn es bewohnt war, keinerlei Zeichen davon bewahrt – vielleicht eins der Häuser in diesem Dorf, mit ihren schlecht schließenden Türen, ihren eingedrückten Fenstern, ihren rissigen Mauern, ihren rauhen und holprigen Böden, und überall den Zeichen einer Altersschwäche, die den stets zärtlichen Zeichen des Gebrauchs nicht ähneln; jetzt sitzt auf einer abgebrochenen Stufe die Stimme der Kraft; ich sagte die Stimme, doch wir wissen ja nicht – das wirst du verstehen – ob sich die Stimme wirklich setzen kann; wenn diese Stimme aber von sich annimmt, daß sie sitzt, dann wird sie auch annehmen, daß sie auf einem Thron sitzt, und daß dieser Thron im Zentrum eines Königsschlosses steht; aber müssen wir uns dann nicht fragen, ob die Stimmen nicht ihrerseits eine Art Berufung zum Ausarbeiten von Karten haben, und ob diese Karten vielleicht die Rechtfertigung der Stimme sind, so wie deine Karte die Rechtfertigung deines Hörens? Dann zeichnet die Karte der Kraft ein Königsschloß und gleichzeitig einen Aufstand, einen Umsturzversuch, eine Prozession der Ehrungen und eine lange Reihe von Marterinstrumenten zur Folterung und Tötung der Feinde der Kraft, die im übrigen nichts anderes sind als eben diese Kraft, die sich als eigenes Dementi sieht. Nun kann dies alles in einem Raum geschehen, der nicht größer ist als ein Abstellraum in einem zerfallenen Haus, dessen Existenz du argwöhnst, aber nicht mehr als das, denn du bleibst standhaft im Ablehnen aller Aufforderungen zu forschen, die ich auch gar nicht an dich richte, da jede Bewegung deine Berufung als Hörer in Frage stellen kann. Und wenn die Kraft sich in diesem ärmlichen, geargwöhnten und vielbesuchten Raum, von dem die Rede war, aufhalten kann, dann brauchst du dich nicht zu wundern, wenn die fragende Stimme, der wir so vergeblich ein großes Stück Himmels-, ja sogar Weltraum überlassen haben, in Wirklichkeit das Stöhnen eines Meßdieners ist, vermischt mit dem näselnden Perorieren eines mittelmäßigen Predigers oder theologisch unbestimmten Priesters; das Ganze eingeschlossen in den Schrein eines Gebäudes – zerfallen wie alle anderen, und wenn nicht zerfallen, so doch gänzlich bedeutungslos, vielleicht höher oder einfach nach oben hin breiter durch den altersbedingten Einsturz des Fußbodens im ersten Stock; eine Art Kapelle oder Kirche, eine Wohnung, in der die gebrechlichen und zitternden Hände sich beharrlich bemühen, eine mögliche Antwortstimme unterzubringen, eine Stimme, die der Befragung Waffenruhe beschert; aber das alles geht noch verworrener und chaotischer vonstatten, in einem unangenehmen und tollkühnen Wirrwarr von Vokalisen, und die Frage ist im Grunde nur noch das Abbild einer mühsam von Ecke zu Ecke des unseligen Ortes flatternden Fledermaus. Und dieser Ort, der gleichzeitig zur Befragung und zur Belehrung dient, existiert, wenn du – mit jener Großzügigkeit, die dem Erfinder der Stimmenkarte nicht fremd ist – bereit bist, ihn dir so vorzustellen wie vermutlich schon das andere Gebäude: als sinnlose Residenz der stimmlichen Kraft. Du hast nichts gesehen, aber du kannst dir diese Orte vorstellen, auch wenn du sie vermutlich nicht mit der ganzen Trostlosigkeit ausstatten kannst, die die finstere Insistenz jener Stimmen notgedrungen fordert. Nehmen wir also an, du seist bereit, in diesem Dorf ein Königsschloß und eine Kapelle zu errichten – in dem erwähnten abschätzigen oder mehr als abschätzigen: kumpelhaften und ironischen Sinn: fiele es dann nicht dir zu, dem Fluß seine Würde wiederzugeben und die Brücke mit einer transitiven Aufgabe von beunruhigender Größe zu betrauen? Warum rufst du nicht zwischen Dorf und Fluß zu einem edlen oratorischen Stimmenwettstreit auf? Warum – um es ein wenig kraß zu sagen – amüsierst du dich nicht? Ich glaube, du hast kapiert, daß ich Lust auf ein paar Minuten Theater habe – diesen unergründlichen Olymp der Stimmen; in deiner absoluten Unbeweglichkeit gehst du also ins Theater, bist im Theater, und die Brükke ist – das stelle ich mir gern vor – eben die Bühne dieses vornehmen Theaters, in welchem du, ich bitte dich darum, die Güte haben wirst, die Stimmen der Helden und Heldinnen zu verteilen, vermischt mit ebenso unverständlichen wie ergreifenden Geschichten. Und nun höre: ist dies nicht – feierlich und dumm – die Stimme eines Helden? Und wenn die Dummheit ihren Gipfel erreicht – ist sie dann nicht die Stimme eines Siegers? Man kann sich schwer vorstellen, daß ein Held nicht in die Berechnung des Sieges verwickelt ist; wenn aber diese unverständliche Stimme in die Siegesfeierlichkeiten verwickelt ist, dann werden wir gut daran tun, nach den nörgelnden Stimmen der Niederlage zu suchen. Aber wird es nicht günstig sein anzunehmen, daß der Sieger von der Stimme besiegt sei, die – bitte vergiß das nicht – die Stimme einer Verführerin ist? Er, ich meine der Sieger, liebt und siegt darum nicht; sie, ich meine die Verführerin, ist nicht siegreich, sondern besiegt, wenigstens als Verführerin. Und wird es dann nicht Kriege geben, vergeblich mutige Taten, Tugenden, die den Ungestüm des siegreichen Helden bekriegen, Lieben, die die Machenschaften des Krieges besiegen, und Kriege, die den Reichtum und die Ruhmesblätter der Liebe verspielen? Und sind sie, diese wimmernden Stimmen, nicht die Wahrzeichen listenreicher Tugenden? Und wird sie, die Listenreiche, nicht von dem Großmut des Siegreichen überlistet? Wird es keine Könige und Konkubinen, keine großherzigen Frauen und würzig schurkischen Männer mehr geben? Wird es keine Intrigen von Dienstboten und Köderungen von Kupplerinnen, keine wollüstigen Experimente und gekünstelten Reden Sterblicher mehr geben, die danach dürsten, ein Herz zu erobern, das um ein anderes kämpft – vergeblich Anderen liebend der Anderen liebt? Oh, das ist wahrlich eine Geschichte von seltenem Sinnesrausch, ein einfallsreiches und bescheidenes Märchen, ein Komplott, das Hoffnung und Tränen, Betrübnisse und Pläne für unnütze aber ruhmreiche Kriegszüge achtlos vermischt; eine törichte Geschichte von vergeblich glücklichen und unglücklichen Geschöpfen, auf lange Sicht nur noch unglücklich, alle, und auch gealtert in der Erinnerung an vergeblich große Unternehmungen, vergeblich wortreiche Lieben, ein Schnipsel hastig hingekritzelter Notizen, Merkblatt unvergeßlicher und doch so leicht vergeßbarer, nunmehr längst vergessener Sätze, eine Anthologie schöner Gesten, schöner Worte, schöner Seufzer, schöner Hoffnungen, schöner Verzweiflungen, schöner Niederlagen und wunderschöner Siege – diese wie jene mit zu erobernden Ländern, zu verführenden Seelen, zu umgarnenden Frauen und zu ködernden Männern befaßt; ach könnten wir in diesem wundervollen Syntaxfieber und dieser waghalsigen Grammatik doch all die lexikalischen Feinheiten unterscheiden – die mustergültigen Wahlen von Stil, Ton und Manier in diesem ununterbrochenen Reden über Liebe und Krieg! Aber es ist ja nicht möglich, und das weißt du seit jeher, etwas anderes zu hören als diese ebenso wirren wie leidenschaftlichen Klänge, diese süßen und melancholischen aber auch mutlosen und verzweifelten Weisen – doch vielleicht ist das auch nur eine Täuschung, und das, was uns verzagt erscheint, ist in Wirklichkeit beherzt, und die Verzweiflung nur eine geschickte Verkleidung der beharrlichen und hingebungsvollen Liebe. Wir können nur vermuten, daß diese Klänge, diese liebevollen und erlesenen Behälter auf ewig unbekannter Wörter, diese Schreine der Gefühle, diese Rauchfässer der unversöhnlichen Leidenschaften, diese Wohlklänge mit dem zarten Atem von Wesen, denen die Liebe zur Hypothese Anmut, Stolz, Schönheit und Verführungskraft verleiht – kurzum, daß diese Stimmen kostbare Worte enthalten, Adjektive mit ebenso rarem wie feierlichem Wagemut, und daß alles ein einziges Modulieren einer verliebtmachenden und kriegsliebenden Syntax sei, reihum aufgestellt zur Schlacht und bemüht, unauflösbare Knoten für ein unentwirrbares Netz zu knüpfen. Sage ich zu viel? Übertreibe ich nicht, wenn ich die Worte »unentwirrbar« und »unauflösbar« nebeneinandersetze und verbinde? Gewiß, ich übertreibe. Aber warum nicht zugeben, warum nicht bekennen, daß jetzt, an dieser Stelle, alles ungemein übertrieben und überladen ist, daß all unsere Phantasien von Stimmenkarten und Stimmen gar nicht umhin können, uns zum Opfer einer entfesselten Harmonie zu machen – unerträglich laut und eingezwängt in die Tyrannei katastrophischer Rhythmen? Gewiß, ich übertreibe, und sicherlich stehst du mir nicht nach im begeisterten Anhören dieser Klänge, denen man im übrigen unmöglich einen Sinn geben kann, aus dem einzigen Grund, daß sich in ihnen, weil sie so ungenau sind, die Sinne häufen und überlagern, weshalb wir in jeder Stimme zahllose mögliche Reden entdecken und damit auch zahllose Personen – übrigens alle fiktiv – sowie jede Art von Begebenheiten: verliebte und entliebte, verhaßte und haßgeliebte, besiegte und siegreiche, überwältigte und überwältigende – aber alle ausnahmslos an den Geruch der Asche gebunden, dieser zerstreuten Erinnerung an die Zeit und an einen anonymen und eloquenten, oh, wie eloquenten! Haufen von Epitaphen. Ist es also eine Geschichte von Gräbern, die man auf der Bühne des Brückentheaters spielt? Und hast du vielleicht deshalb eingewilligt, den Fluß an jenen Ort zu zeichnen, damit er die zerstükkelte und wahllos durcheinandergemischte Menge dieser unkenntlichen Gesichter irgendeinem großen Meer zuführen kann – dieses Gemisch aus gallertartigen Stimmen, diesen Wirrwarr wundersamer Klänge, nunmehr für ewig unentzifferbar, ja im Begriff, im großen Wörterbuch des Ozeans zu versinken, der als schillernde Schlange den Weltraum umringt? Hast du also den Fluß als Epitaph für die Brücke gewählt, als Verzehrung der sprechenden Schatten? Aber glaubst du nicht, mein beredsamer Schweiger, daß es noch Raum für andere Stimmerfindungen gibt? Und könnte es nicht, jenes selbe Drama – die Tragödie, deren Gewaltsamkeit und Zartheit wir lauschten – jetzt mit unzähligen Texten aus Komödien, Satiren, Tragikomödien und bürgerlichen Lustspielen vermischt, alle mit Liebe, Krieg und Tod getränkt – könnte es nicht, sage ich, auch eine einzelne Stimme erzeugen, eine Stimme, die in der Lage wäre, dein Hören mit unverständlichem aber zwingendem Liebreiz zu verführen? Wenn ich das Pathos der Befragung ablegte und mir zerstreute und vorsichtige Gesten gönnte, dann würde dieser metaphorische Krach vielleicht schwinden, und du würdest in dem verringerten Lärm etwas tun können, das besser ist als hören: du würdest dir aus den zahllosen Stimmen, die dich bedrohten, eine Stimme auswählen können, du würdest dieser Stimme eine Art Namen geben können, und du würdest sie wiedererkennen können. Und nun laß eine Reihe von Stimmen dein Gehör passieren: diese ist kreischend, diese ist faul, diese ist wütend, diese ist nachdenklich, diese ist zufällig – aber jetzt hörst du eine andere Stimme, eine vielfache Stimme, eine Polyphonie, der du unmöglich einen Namen geben kannst und der doch die Zierde eines Namens gebührt. Jetzt ist sie weich und zieht mit einer gewissen Zärtlichkeit eine Reihe von kindlichen Silben hinter sich her; jetzt bäumt sie sich auf und wird eindringlich, aber nicht überstürzt; ihr bündiger Stil ist ein wenig streng, aber von resignierter Strenge; jetzt verfolgen sich die Stimmen mit melodischer Anmut und singen dir ein Wiegenlied vor, das dich zum Schlaf, zum Entschlummern überreden könnte, zum Deklamieren mediokrer Texte einer künstlichen Passion; jetzt ist die Stimme ein Schlangengewühl zwiefacher Wonnen, giftig und tröstlich, und die Silben vermischen sich in einem bestrickenden Gewirr, einem großen phonetischen Haarschopf unzähliger Giftigkeiten; jetzt ist die Stimme tief, sie beschreibt eine Scham, und wenn man die Silben erkennen könnte, wären sie Worte von gelehrter Mehrdeutigkeit mit doppelsinnig verlockenden Vokalen, gutturalen Versuchungen. Aber natürlich wagt man nicht, irgendetwas zu verstehen, wenn es überhaupt etwas zu verstehen gibt. Jetzt rennt die Stimme wie ein gehetztes Tier und blickt zurück, um zu erforschen, ob du sie verfolgst; rennend verliert sie eine lange Reihe verformter Silben, die von der Stimme abfallen wie winzige tote Tiere. Jetzt ist die Stimme rauh und ungenau, eine mühsam buchstabierende Stimme, unterwürfig und schrill, kurze prägnante Silben skandierend – exquisit deklamiert mit scharfer und fahler Umsicht. Jetzt ist die Stimme prächtig, sie schmückt sich den Hals mit Wortamuletten, klar und sinnlos und mit großen schwierigen Tugenden bestückt. Jetzt ist die Stimme kindlich und flink, eine Stimme, die sich auszieht, und heraus kommt die boshafte Lieblichkeit eines Klümpchens unverständlicher aber anspielungsreicher Silben. Es ist viel Liebreiz in diesen Anspielungen, und die Stimmen, die nicht sprechen können, lieben es anzuspielen – auf unentzifferbare Erinnerungen, unvorsichtige Hoffnungen, programmierte Plaudereien – aphonische Silbe gegen aphasische Silbe. Und weiter: eine Stimme, die über dir schwebt und aus der Höhe herabstürzt; und eine Stimme vor allen anderen, die aus der Tiefe aufsteigt – vielleicht in der zerstörten Kehle des zerfallenen Dorfs gebildet – eine pflanzliche Stimme, eine Stimme, der du mit deinen Knien lauschst, mit deiner Scham; dann eine rauhe und außergewöhnlich langgezogene Stimme, ein schmerzloses Stöhnen, ein erstickter Hauch, die Stimme, so vermute ich, deute ich an, jener Nacht, in der du Schutz gesucht hast, du, kampfesmüder Mann, Kleinkrämer der Rasten. Und du weißt, mußt es wissen, daß alle diese Stimmen eine einzige Stimme sind, diejenige, die in alle Ritzen deines Existierens eingedrungen ist, eine Stimme, die zum Sprechen Haare, Hände, Ringe, Zähne, Bauch – und Erde, Nacht, Wasser, Flüsse und lakustrische Ruhepausen, tote Tiere, flüchtende Tiere und senkrechte Vogelflüge benützt. Wenn du es wagtest, in deinem Versteck den Katalog der Erinnerungen zu durchblättern, dann würdest du überall Spuren dieser Stimme finden: ihren akkuraten Schiedsvertrag mit dem Existieren, ihre persönliche Grausamkeit, ihre schlaue und einschmeichelnde Konversation, ihre ständig wiederholte Rast in den unzähligen Nächten; schließlich die Stimme der Nacht – hoch, zufällig flüchtig, wiederkehrend, unausweichlich. Wenn du es wagtest, deine Hände auszustrecken und den endlosen Schatten, in dem du zu bestehen gewählt hast, anzustoßen, dann würde dieser Schatten mit verbissener Hingabe Silben buchstabieren, und du wärest der präzisen und zarten Quälerei einer Schattenstimme ausgesetzt. Wenn du dich unhöflich aber nicht gefühllos an die Nacht wendetest, dann würde dir diese bestimmt mit einem geheimnisvollen Regen weicher, warmer Sommerphoneme erwidern; wenn du mit berechneter und sparsamer Geste eben jene Klänge ansporntest, die du gehört hast und die dir im Gedächtnis verharren – den fallenden Tropfen, den zerbröckelnden Ziegel – dann würdest du bemerken, daß der Tropfen – sein rhythmisches Fallen modulierend – dir antworten kann, und die Tür, oh, wie sie sich schwankend beklagt über den Ansturm eines herrischen Winds! Vielleicht wird ein fingiertes Tier – hin- und herrennend zwischen Königsschloß und Tempel, beide illusorisch – eine abgenutzte Stufe zerbrechen, und es erreicht dich eine Wolke von Geflüster, gewürzt mit Alter und Vergessen. Aber das sind dann nicht zahllose Stimmen, sondern eine einzige Stimme, unzählige Stimmen, eine totale Stimme, die sich in den Klüften vervielfacht, an der Oberfläche der Nacht abprallt und auf dem Fluß über das Wasser springt. Der Fluß: man muß sich notgedrungen fragen, ob es nicht letztlich doch der Fluß ist – dieser bewegliche und unstete Ort – der diese sprechende Melopöe ausstrahlt, diese simultane Menge von Stimmen – jener sprechende Fluß, der so chaotisch redet und sich dabei unzähliger unvereinbarer Klänge bedient, Akzente und Rhythmen zersetzend und in das, was wir als »Worte« bezeichnen müßten, unerträglich entstellte Absichten mischend – eine tiefe und wundersame Zweideutigkeit, eine zugleich betäubende und verhaltene, schleimige und ohrenzerreißende Fülle von Klang. Eine Stimme, mein Lieber, eine einzige Stimme. Eine namenlose Stimme, obwohl es sie ohne Namen gar nicht geben kann. Eine Stimme, die dir schon immer im Munde sprach, genauso wie die Nacht dir im Munde saß. Du hörst also hingekauert diesmal eine unmögliche, unzählbare Stimme, und sie ist, diese Stimme, auch dasjenige, was du allein bitten kannst, der chaotischen Diskontinuität der Stimmen, Klänge und Geräusche Einhalt zu gebieten; eine herrische und dennoch untertänige Stimme, einschmeichelnd und loyal, notwendig und unverwendbar; eine unergründliche Mischung aus gutturalen, labialen, aspirierten und expirierten Lauten, weniger als Silben, weniger als Buchstaben, weniger als Atemstöße, unechte Stillen, glottal stops. Speichel, mein träger Freund, Speichel und Atem; der hypothetische, unmögliche Lippenspalt, sofern Lippen je existiert haben oder geplant oder phantasiert worden sind. Ist es möglich, daß das jahrhundertelange Drängen einer Stimme Lippen erzeugt und aus den Lippen ein Gesicht ins Dunkel emporwächst? Ist es möglich, daß hinter diesem Stimmenuniversum etwas existiert, das solche Stimmen gedankenvoll artikuliert? Du wirst nicht behaupten wollen, daß diese unsinnigen Stimmen danach streben können, die Silben in Worte zu verschmelzen und die Worte zu einem klaren, scharfsinnigen und verständlichen Satz zu fügen.

Denn wahrlich: gibt es etwas Ungelenkeres in dieser Lage als einen verständlichen Satz? Ist es nicht ein ausdrücklicher Wunsch von dir als Hörer, daß diese Sätze so unsagbar unzusammenhängend sind, ja daß sie schon seit jeher und für alle Zeit einen derart wirren Haufen von Atemstößen bilden, daß man nicht sicher wissen kann, ob sich nicht in irgendeinen Winkel gekauert ein Beharren auf Bedeutung verbirgt? Daß schließlich all das nichts sagen will und auch nie auf irgendeine Weise etwas sagen wollen kann? Und dennoch: ohne diese tiefe, düstere und unzusammenhängende Stimme verlierst du jeden Zusammenhang, jede Kontinuität, ja sogar deine Finsternis wird unvollkommen, ich möchte fast sagen schlampig – versehrt durch eine Spur von Phosphoreszenz, die weder Klarheit noch Sinn ist. Du siehst, wie sehr mich deine verdüsterte Lage fasziniert; in Wirklichkeit gibt es gar keine Klarheit, außer in deiner Höhle aus Finsternis – verstehst du mich? Du bist nun in dieses Stimmengewitter getaucht, das du nicht verstehst, aus dem du dich indes nicht befreien kannst und willst. Aber möchtest nicht *du* jetzt eine stimmliche Präsenz vorschlagen, die sich jener unsinnigen und entscheidenden entgegenstellt? Ich meine nicht etwa, daß gerade du irgendwie das Wort ergreifen und selbst Silben, Buchstaben, unvollständige Klänge oder langgezogene aber unverbundene Töne äußern sollst. Gewiß, der Plan einer unverständlichen Rede von dir ist bestrickend: sich dich vorzustellen, für immer in deine Höhle eingeschlossen, bemüht in der Art jener wahnsinnsgetränkten Stimmen zu sprechen, ja die Lage der tierischen Laute zu finden, oder Geräusche zu imitieren, fallender Tropfen werdend, knarrendes Holz, zerbröckelnder Stein; aber all das ist schwierig, nicht wahr? Du bist verurteilt, Worte zu gebrauchen – ein Wort so gehandhabt, daß es zum Satz gerät – und deshalb mußt du argumentieren, deduzieren, schließen, betonen, bekräftigen, bestreiten – alles mit ausgiebiger Dialektik. Dir steht indes keine verbale Dialektik oder beliebige Beredsamkeit gegenüber, sondern ein stimmliches Agglomerat ohne Anfang und Schluß. Und darum höre, wie sich deine Absicht – so fromm und tugendhaft – nach und nach in ein stimmliches Aufbäumen verwandelt, eine monotone, herbe, stachlige, knarrende Stimme, die allmählich mit jener anderen zu wetteifern beginnt, die du gewählt hast, unsinniger Sinn. Würdest du nicht sagen, daß diese Stimme, die wir die »andere« nannten, ihr widerspricht? Ich würde sagen: zweifellos. Winzige Laute äußernd, Echos und dumpfe Glockenschläge, hält die Stimme stand – mehr schlau als ehrlich, aber diesem Stimmeneinbruch ist die Unehrlichkeit vermutlich nicht fremd – wahrscheinlich sind sogar alle Stimmen unehrlich. Sie widerspricht mit draufgängerischer und duckmäuserischer Unflätigkeit, dumpf und unterdrückt; zeternd, und wenn sie es wagte, zänkisch; sicherlich sanft; auch leise anklagend; fast stöhnend wie unerwünscht, ungeliebt, verlassen, allein; flüsternd und fauchend Lindheit fingierend – falls es hier statthaft ist, Fiktion von Rezitation zu unterscheiden – kunstvolle Kadenzen probierend, zarte stimmliche Capricen. Die du zurückweist oder nur mit berechneter Gleichgültigkeit strafst. Doch jetzt hörst du eine scharfe, zänkische Stimme, noch nicht zum Wutausbruch bereit, aber voller Zorn, wenn auch gezügelt durch eine Art Angst vor dir oder Angst vor etwas anderem, das die Stimme kennt, aber du nicht und ich nicht, etwas anderes, aber doch immer in irgendeiner Weise Stimme. Und jetzt höre: der Zorn lodert auf, die stimmliche Raserei durchläuft schlagartige Himmel, überall schwebt ein Schwarm von stimmlichen Vögeln. Die Stimme, wütender Vogel, stürzt im Silbenflug durch die Luft, wirft sich in Form eines unendlichen Schnabels auf das, was jetzt eitle Gemeinheit, schlaue Verschweigung ist, und verletzt bis ins Innerste die Luftgedärme der verstockten Verneinung. Schließlich erfährst du die Stille. Der Himmel ist voll von toten Klängen, tönenden Vogelfedern, gemordeten Glockenschlägen; man feiert den Tod des Klangs. Die Stimme ist erloschen. Ein Tropfen. Eine Tür. Ein Wind verstreut Staub von Geröchel und Gepfeif. Und nun sag mir: kann es sein, daß die Nacht zuendegeht? Daß du von deinem Kauern erlöst und von der Verneinung befreit wirst? Daß die Stimmenkarte als ungesetzlich erklärt und sanft aber entschieden der Schärfe deiner Hände entwunden wird? Es kann sein. Ich müßte mit dir reden, ich, Nichtstimme, über die Zerreißung der Nacht und die Planung der Morgenröte, des Lichtschimmers. Ein großes nobles Gekreisch spaltet die Stille. Das möchtest du jetzt wissen, nicht wahr? Was das ist, dieser Lärm? Dieses plötzliche Tosen, wie du es nie gehört hast? Dieses Schreien der Nacht, zerborsten in zahllose Nächte, Nachtperlen, Tropfen aus Nacht? Was ist dieses rasende Sausen, dieses Gebraus? Welcher Krawall regiert die Welt und weitet den Raum? Ja was kann es denn sein, dieses Gegröl und Gejohl, dieses Zetern und Poltern, dieses Pfeifen der Luft, dieses Erschauern des Klangs? Was, mein lieber Nachtwandler, mein lieber Finsternishocker, kann es denn anderes sein als dieses, ja dieses genau – die Auferstehung der Toten?

GIORGIO MANGANELLI wurde 1921 in Mailand geboren, studierte englische Literatur und lebt in Rom.

Hilarotragoedia. Prosa. Mailand 1964 (deutsch unter dem Titel ›Niederauffahrt‹, Berlin, Wagenbach, 1967)
Letteratura come menzogna. Essays. Mailand 1967 und 1985
Nuovo commento. Prosa. Turin 1969 (deutsch unter dem Titel ›Omegabet‹, Berlin, Wagenbach, 1970)
Agli dèi ulteriori. Prosa. Turin 1972 (deutsch unter dem Titel ›An künftige Götter‹, Berlin, Wagenbach, 1983)
Lunario dell' Orfano Sannita. Prosa. Turin 1973
Cina e altri Orienti. Berichte. Mailand 1974
A e B. Prosa. Mailand 1975
Sconclusione. Prosa. Mailand 1976 (deutsch unter dem Titel ›Unschluß‹, Berlin, Wagenbach, 1978)
Cassio governa a Cipro. Mailand 1977
Pinocchio: un libro parallelo. Turin 1977
Centuria. Prosa. Mailand 1979 (deutsch unter dem Titel ›Irrläufe. Hundert Romane in Pillenform‹, Berlin, Wagenbach, 1980)
Amore. Mailand 1981 (deutsch unter dem gleichen Titel, Berlin, Wagenbach, 1982)
Angosce di stile. Mailand 1981
Discorso dell'ombra e dello stemma o del lettore e dello scrittore considerati come dementi. Mailand 1982
Manganelli furioso. Ein Handbuch für unnütze Leidenschaften. Berlin, Wagenbach, 1985
Laboriose inezie. Mailand 1986
Tutti gli errori. Mailand 1986 (deutsch unter dem Titel ›Brautpaare und ähnliche Irrtümer‹, Berlin, Wagenbach, 1989)
Rumori o voci. Mailand 1987 (deutsch in der vorliegenden Ausgabe)
Giorgio Manganellis Lügenbuch. Berlin, Wagenbach, 1987.

Aus der Hölle

Erzählt wird die unerhörte Traumgeschichte vom Höllenreich der Literatur: dem Reich der moralischen Mehrdeutigkeit, des besessenen Voyeurismus und der zweifelhaften Heiterkeit.

Aus dem Italienischen von Iris Schnebel-Kaschnitz
Quartheft 151. 144 Seiten. DM 17.80

Manganelli furioso
Handbuch für unnütze Leidenschaften

Über den Irrwitz des Alltags, literarische Begeisterungen und die Leidenschaften des Ortswechsels.

Aus dem Italienischen von Marianne Schneider
Broschur. 160 Seiten. DM 24.80

Giorgio Manganellis Lügenbuch

Die närrischsten und wildesten Texte des großen Lügenerzählers Manganelli, viele davon erstmals in deutscher Übersetzung. Mit Zeichnungen, Bildern, Interviews und anderem abgefeimten Beiwerk, herausgegeben von Klaus Wagenbach.

Wagenbachs Taschenbücherei 146. 160 Seiten. DM 16.–

Brautpaare und ähnliche Irrtümer

Sieben Geschichten über sieben Irrtümer – nicht nur in der Liebe, sondern auch in der literarischen Erfindung.

Quartheft 160. 144 Seiten. DM 19.80